昭和ブギウギ

笠置シヅ子と服部良一のリズム音曲

輪島裕介 Wajima Yusuke

NHK出版新書
703

昭和ブギウギ　笠置シヅ子と服部良一のリズム音曲　目次

校閲　大河原晶子
資料調査協力　衛藤邦夫（日本コロムビア）
ＤＴＰ　佐藤裕久

日本音楽著作権協会（出）許諾第二三〇四八八七－三〇一号

【凡例】

・引用内の旧字は新字に、旧かなは新かなに改めた。
・笠置の名前は「シズ子」と「シヅ子」の表記が混在し、明らかな線引きは認められない。本書の本文では「シヅ子」で統一する。引用では同一記事内でも表記の揺れが見られるが、原文の表記を優先した。
・引用者注は［ ］で示す。
・本書に掲載した写真・図版に付したA・Bは、A：笠置シヅ子資料室所蔵、B：服部音楽出版所蔵であることを示す。
・服部が作編曲（一部は作詞も）を行い、笠置が歌唱した楽曲について、タイトルと歌詞の表記は『生誕100年記念 ブギウギ伝説 笠置シヅ子の世界』（二〇一四、日本コロムビア）のライナーノーツを参照した。

前口上　「近代音曲史」の野望

敗戦後、東京・有楽町の日本劇場。小柄な女性が舞台狭しと歌い踊っている。バックに並んだダンサーたちは揃いの衣装で整然と振り付けに従っているが、主役の女性は思うままに手を振り、胸を張り、斜め上を見上げ、足を投げ出し。男性指揮者がタクトを振るのに合わせて、ピアノの低音とベースがズンタズンタズンタズンタというハネた八分音符を保持し、管楽器がそれに鋭いアクセントを付ける。規則的なリズムが止まり各楽器が音を伸ばすと同時に歌が入る。「東京ブギウギ　リズムウキウキ　心ズキズキ　ワクワク」。大入りの客席の一角には、当時パンパンと呼ばれた女たちがずらりと並び、歌う女性を熱心に応援する姿も見える。

その約一〇年前、東京・丸の内の帝国劇場にも同じ歌手の姿が見える。指揮者も同じだ。フル・バンドがテンポの速いスウィングを演奏する。一音ずつ下降する四音のベースラインに沿って、歌手が踊りながら短いフレーズを歌うごとに、トランペットがそれに応える。

「楽しいお方も　悲しいお方も　誰でも好きな　その歌は」「この歌　歌えば　なぜかひとりでに　誰でも　みんなうかれだす」と他愛無い歌詞だが、末尾には「バドジズデジドダー」という呪文のように謎めいた言葉が繰り返される。曲が進むにつれ、単純な繰り返しが形を変え、歌詞も呪文だけになり、歌の呼びかけにバンド全体が応答する。客席には、少女歌劇を愛好する少女たちや、一目で洋画ファンとわかる、ハリウッド映画そのままの小洒落《こじゃれ》た青年たちの姿も見える。

さらにその一〇年弱前、大阪・道頓堀の松竹座。恒例「春のおどり」。歌い踊る多くの少女たちの中に彼女もいる。「桜咲く国　桜　桜」。客席には、華やかな芸妓たちや旦那衆の姿も見える。例の指揮者はここにはいない。上本町の放送局か、阪神国道沿いのダンスホールに出演しているのかもしれない。

この本は、歌手・女優の笠置シヅ子と作曲家・服部良一についてのものだ。

最近では「クリアアサヒ」のCMでもおなじみの「東京ブギウギ」や、黒澤明監督映画『酔いどれ天使』(一九四八)で歌われた「ジャングル・ブギー」をはじめ、笠置のレコード化されたレパートリーのほぼすべては服部の作曲によるもので、「買物ブギー」など、服部自身が「村雨まさを」の筆名で歌詞も提供したものも多い。二人が出会い、コンビを組み始めたのは東京だが、どちらも大阪の庶民として生まれ育ち（笠置の出生は香川だが）、叩き上げでキャリアを開始し、それぞれ大阪で一定の評価を得たのちに東京に移住した。

笠置が松竹楽劇団のレヴュー俳優・歌手として注目され始めた一九三八年から、一九五七年頃に歌手活動を停止するまでのほぼすべてのキャリアにおいて、服部はほとんど「座付き作家」のように関わっていた。単にレコードに吹き込むための新曲を提供するだけではなく、笠置の主要な活動の場であるレヴュー（ショー）の舞台や映画でも、多くの場合、服部は伴奏音楽の作曲や指揮を含めた総合的な音楽監督を務めている。笠置のパフォーマンスの音楽に関わる部分の全域を、服部が支えていたのだ（とはいえコメディエンヌとしての笠置シヅ子を考える場合には、エノケンこと榎本健一とのコンビもきわめて重要だし、ソングライターとしての服部良一には、コロムビア・ナカノ・リズムボーイズ、淡谷のり子、藤山一郎、霧島昇、灰田勝彦そして妹の服部富子といった歌手たちの存在も不可欠だ）。

いま笠置の主要な活動の場は実演と映画だった、と軽く書いたが、このことは本書の基本的な視座とも深く関わっている。重要なのは、笠置と服部の特別な結びつきから生まれた楽曲群は、まずは舞台上（あるいはスクリーン上）での演者の肉体の動きを伴って、彼女の大きな身振りや表情を通して伝えられ、受け容れられた、ということだ。これは、現代においてほとんどすべてのポップ・ソングにミュージック・ヴィデオが作られ、ＳＮＳ

の短い動画に使われることで、アーティストかインフルエンサーか市井《しせい》の一般人かを問わず、人間の動きを含む映像を伴って流行することと幾分似ているかもしれない。テレビの歌番組で育った世代にとっても、歌に歌手の姿が伴うのは当たり前だろう。

しかし、笠置が活躍した時代の日本においてはそうではなかった。レコード歌手は基本的に録音に特化し、ステージで歌うことは必ずしも多くなかった。舞台に立つ場合でも、レヴューの一部や映画の幕間《まくあい》などでレコードに吹き込んだ歌を数曲歌う、という程度だった。現在のような、単独のアーティストが長いライブ・パフォーマンスを行うことはほとんどなく、一部のクラシック音楽家や、それに準じる「音楽学校出」の演者（藤山一郎や淡谷のり子など）が特権としてごく稀に行う「リサイタル」に限られていた。上野や日比谷の奏楽堂などクラシック向けの上演空間は基本的に大衆音楽に門戸を開かず、その数自体がきわめて少なかった。現在でいうライブハウスやミュージック・バーのような大衆音楽に特化したカジュアルな実演の場もなかった。そして、レコード歌手のパフォーマンスも、基本的にはクラシックの声楽家のように、正装して舞台中央のマイクに向かうというものだった。ある年代以上の人は、東海林《しょうじ》太郎の「直立不動」を思い出してほしい。

レコード歌手があまりステージに立たなかったのは、日本の音楽文化が未成熟だったからではない。のちに詳しく述べるように、昭和初期に外資系のレコード会社が参入する過程で、レコードによる大衆歌謡制作と、すでにかなりの成熟をみせていた娯楽的実演の文脈が切断されてしまったことの帰結だと私自身は考えている。加えて、昭和戦前期に新しい大衆音楽のための上演空間が新たに生まれなかったのは、法的な規制によって、飲酒の可否、ダンスの可否、営業時間、フロアの構造などが厳格に規定されたことも関わっているだろう(この問題は未解決のまま現在に引き継がれている)。

それに対して、笠置シヅ子と服部良一のコンビは、録音のために曲を作るというより、舞台での実演(あるいは映画)のために作られた曲を事後的にレコードに録音した。実演の場を前提とした音楽性が、やや例外的にレコードにも記録され、それが舞台や映画の人気に拍車をかけたのだ。

笠置と服部が活躍したのは、昭和初期にレヴューと呼ばれた、物語や台詞《せりふ》よりも歌と踊りを中心に据えた新たな種目(芸態)の舞台だった。そしてその実演の場は、大正末から昭和初期にかけて、とりわけ人口においても経済規模においても東京を凌ぐ日本一の大都市であった大阪において、近世以来の芸能との連続も含めて独自に形成された(もちろん東京にも、浅草オペラや浅草の軽演劇や新宿ムーラン・ルージュなど注目すべき動きはあった)。レヴューという種目名はフランス語であり、舶来の雰囲気が強いが、歌舞伎や日本舞踊の要素も自在に取り入れた和洋折衷も売り物だった。

レヴューの流行は大阪と神戸の間（阪神間）の郊外の新興中産階級文化である宝塚少女歌劇が発端だ。しかし、その流行を受けて、近世以来の芝居街である大阪の道頓堀周辺でも独自の展開が起こった。新興の娯楽として最有力だった映画と深く関わり、歌舞伎や花柳界や寄席の世界とも接続する形で、和洋折衷の新しい上演形態が作られていった。大阪都市部の庶民の出である笠置と服部は、そんな時代の道頓堀・千日前周辺でキャリアを開始した。大阪の新しい娯楽的上演文化は、関東大震災以降、松竹、東宝、吉本興業という関西系の興行資本の東京進出に伴って東京でも受容され、さらに映画を通じて全国に波及した。娯楽的な上演文化と同じく盛り場の重要な構成要素であるカフェーやダンスホールといったモダンな消費文化も大阪で興り、のちに東京へ移入された。

本書の主役、笠置シヅ子と服部良一が大阪育ちだったことは単なる偶然ではない。この二人は、当時大阪で急激に発展していた和洋折衷的でモダンな娯楽文化シーンの中でこそ最初のキャリアを切り拓くことができ、大阪の娯楽文化と興行資本の東京および全国制覇を背景に大きな成功を収めていったのだ。

本書は、二〇二三年度下半期のＮＨＫ連続テレビ小説『ブギウギ』放送に合わせて企画されたが、それだけではない。実は、近代日本大衆音楽史の捉え方を根底から転覆させる、という、かなり大それた野望を私は持っている。「根底から転覆させる」はさすがに大げさにすぎるにしても、近代日本の音楽や大衆文化を語るときに自明とされている、いくつかの前提に挑戦したい。そのための第一歩である。西川きよしも言うように、物事は「小さなことからコツコツと」やらねばならないのだ。

本書を端緒として、音楽学者としての私が挑戦したい暗黙の前提とは、以下の四つである。

一、一九四五年の敗戦を決定的な文化的断絶とする歴史観への挑戦
二、東京中心の文化史観に対する挑戦
三、「洋楽」（＝西洋芸術音楽）受容史として近代日本音楽史を捉えることへの挑戦
四、大衆音楽史をレコード（とりわけ「流行歌」）中心に捉えることへの挑戦

これらの挑戦の一環として、本書では、開国以前から現在まで、寄席や芝居小屋や大道で日常的に演じられてきた娯楽的な歌や踊りや楽器演奏を指して「音曲《おんぎょく》」という語を意図的に用いる。近代日本において「音楽」は、欧米列強の国家的な権威と結びついた「高級」で「真面目」な音楽を模範として、学校や軍隊といった公式な制度を通じて「上から」普及（あるいは強制）され、明治後期以降にようやく定着した概念だ。大正以後は、貴重な洋盤レコードこそが「本物の音楽」の記録であると考え、日本での実演を軽視する

人々が「楽壇」をリードしてきた。それに対して、「(歌舞)音曲」は、災害や崩御といった国家の非常時には、為政者から「停止」や「自粛」が求められる不謹慎な遊びとみなされてきた(詳しくは拙稿「音盤と身体　近代日本の音楽と歌舞音曲」安井眞奈美・エルナンデス・アルバロ編『身体の大衆文化　描く・着る・歌う』所収)。

本書では、在来の「音曲」が西洋由来の「音楽」に置き換えられてゆく過程ではなく、日常的な娯楽であり遊びとしての「音曲」の連続性の中に、欧米由来の諸芸の要素も選択的・部分的に取り入れられてゆく過程として近代日本の大衆音楽史を捉え、そこに笠置と服部を位置づける。比喩的にいえば近代日本大衆音楽史の「図」と「地」を反転させることを目論んでいるのだ。そこまで根底的ではなくても、マギー司郎の「縦縞のハンカチを一瞬で横縞に変える手品」のような発想の転換をもたらしたい。

と大風呂敷を広げてみたものの、多くの方にとっては「なんのこっちゃ」だろう。懐かしい愉快な歌と踊りの本だと思って手に取ったのに、なんでこんな大それた野望の片棒を担がされるのか、と。先の四つの挑戦については折に触れ論じるので、まずは気にせず読み進めていただきたい。

ということで、『昭和ブギウギ』の一席、読者の皆様におかれましては最終最後までおつきあいのほど、よろしくお願い申し上げます。

第一章　「歌う女優」誕生

～大阪時代の笠置シヅ子

「流行歌」と「少女歌劇」

笠置シヅ子（本名・亀井静子）は、一九一四（大正三）年八月二五日に生まれた。

一九一四年とはどういう年か。生年に過剰な意味を読み込む必要はないが、彼女が生まれ育った時代を想像する上では、生まれた年に起こったことを知るのはそれなりに有益だろう。世界史的にはもちろん第一次世界大戦が勃発した年だ。そして日本の大衆文化史においても、世界大戦によるヨーロッパ中心の世界秩序の動揺にも喩えられる決定的な変化が起こり始める年だった。厳密な用語法にこだわらずにいえば、ひとつは「流行歌」の誕生、もうひとつは「少女歌劇」の誕生だ。どちらも、笠置の今後のキャリアにとってきわめて重要な要素であることはいうまでもない。

一九一四年三月、新劇（ヨーロッパ近代戯曲の翻訳上演）の劇団である芸術座がトルストイの『復活』を上演した。初演が行われた帝国劇場は、一九一一年に日本初の本格的洋式劇場として建設されていた（嶺隆『帝国劇場開幕　今日は帝劇 明日は三越』）。劇中、主演女優の松井須磨子は、この公演のために新作された挿入歌「カチューシャの唄」を歌った。主宰者の島村抱月《ほうげつ》と相馬御風が作詞し、彼の書生だった東京音楽学校（現在の東京藝術大学音楽学部の前身）出身の小学校の音楽教師、中山晋平が作曲した。関西公演の際、京都のオリエントレコードで録音され、「復活唱歌」として発売された。実演のために作られた新曲が、レコードの助けも借りて（「もっぱらレコードによって」ではない）急激に流行した。現代の大衆文化史研究者・永嶺重敏は、この曲の成立と流行の過程を詳細に辿った著書を『流行歌の誕生　「カチューシャの唄」とその時代』と名付けている。

「カチューシャの唄」と同じ一九一四年、帝劇での『復活』初演からわずかに遅れて四月一日、宝塚少女歌劇の第一回公演が行われている。前年に箕面有馬《みのおありま》電気軌道（現・阪急電鉄）が組織した「宝塚唱歌隊」を改組したもので、電気軌道の始点、大阪市内北部の梅田とは反対側の終点（始点）、兵庫県の宝塚駅に隣接して建設した複合娯楽施設「パラダイス」のプールを改造した劇場で公演された。管弦合奏、舞踊に加え、北村季晴《すえはる》が一九一二（明治四五）年に発表したお伽《とぎ》歌劇『ドンブラコ』（「桃太郎」の翻案）を上演した。箕面有馬電気軌道は、郊外から大阪市内に通勤する新興中間層（旧来の商人や自営業者よりも、官吏やホワイトカラーの会社員）の家庭をターゲットに、沿線の宅地開発とセットで鉄道を敷設するという斬新な方針を採用し成功させていた。「パラダイス」（どうしても桂小枝が浮かんでしまう……）や少女歌劇は、沿線住民に対するサービスという性格が強かった。

プチ・ブルジョア層向けの沿線開発と結びついた娯楽であり、また阪急の総帥・小林一《いち》三《ぞう》が標榜する「新国民劇」への初歩的段階としても位置づけられた宝塚少女歌劇については、きわめて多くの先行研究がありここで列挙するには及ばない。ひとまず私の師匠である渡辺裕『宝塚歌劇の変容と日本近代』『日本文化モダン・ラプソディ』と、英語圏で広く読まれているジェニファー・ロバートソン『踊る帝国主義　宝塚をめぐるセクシュアルポリティクスと大衆文化』を挙げておこう。阪急の沿線開発と文化については、原武史『「民都」大阪対「帝都」東京　思想としての関西私鉄』が決定的だ。

ところで、阪急グループの総帥・小林一三が西洋音楽ベースの歌劇を着想したのは、帝劇歌劇部の公演で数少ない観客の中に、数人の熱狂的な若者の一団がいることを発見したときだった。帝劇は、ヨーロッパの大規模な国立オペラ座を念頭に置いて歌劇部を設立し、イタリア人のローシーを指導者として招いていたが、当時その人気は芳しくなかった。それでも一部のインテリと思しき若者たちが熱狂しているのを見て、小林は、沿線住民のための高級な娯楽の萌芽を見出したのだ。

帝劇歌劇部は一九一六年に解散し、その残党の一部は、近世以来の盛り場である浅草でより娯楽性が強く、しばしばエロティックな視線も集める「浅草オペラ」として人気を博する。浅草で洋風の唄と踊りが最初に注目されたのは、アメリカのヴァラエティ・ショーの経験があるダンサーの高木徳子で、その後、帝劇系の一座が続いている。このことから、より視覚的な要素の強い娯楽として受容されたことがうかがえる。浅草オペラはその後、喜劇王エノケンが活躍する軽演劇や、戦後のストリップにもつながってゆく。（浅草オペラについては、『ローシー・オペラと浅草オペラ　大正期翻訳オペラの興行・上演・演劇性』ほか中野正昭の一連の著作が決定的だが、笹山敬輔『幻の近代アイドル史　明治・大正・昭和の大衆芸能盛衰記』、小針侑起『あゝ浅草オペラ　写真でたどる魅惑の「インチキ」歌劇』などもとっつきやすいだろう）。

少女歌劇と浅草オペラは、大衆演劇風にいえば、帝劇歌劇部から生まれ、西と東で生き分かれたきょうだいのようなものともいえる。一方は関西の富裕な商家に養子に行き、もう一方は生家が没落し浅草の巷《ちまた》に流れつきしぶとく生き残る。そしてその末裔たちは、戦前の帝劇や戦後の日劇で再び出会うことになる。

さて、生まれたばかりの笠置シヅ子（亀井静子）の経歴に戻ろう。以下の記述は、自伝『歌う自画像　私のブギウギ傳記』に基づく。同書は「東京ブギウギ」の大ヒットから立て続けに一連の「ブギ」を発表していた一九四八（昭和二三）年九月に出版され、そこに記載された経歴は、当時、ある程度広く知られたものと考えられる。

四国の香川県大川郡相生村《あいおい》（現・東かがわ市）で生まれた彼女は、村の素封家の息子と同家で家事見習いをしていた娘との間に生まれた非摘出子だった。同時期に出産のために帰郷していた大阪在住の亀井うめに引き取られ、このときうめが出産した正雄とともに生後半年で大阪に移る。実父はほどなく病死したという。

養家は元々米や薪炭を扱う商家だったが銭湯に転業し、その後、福島、中津、十三《じゅうそう》など大阪市内を転々とする。彼女が最初に習った芸事は日本舞踊だった。自伝によると、相生村で同時期に生まれた亀井うめの実子・正雄が病死した後、「あんたも、身体が弱いよってな、誰にたよらずとも、おのが腕で身すぎ世すぎして行ける芸を持った方がええなあ」と考えた養母によって、踊りの師匠のもとに連れていかれたという。師匠に何か踊ってみせるよういきなり言われたところ、銭湯の客の「芸妓あがりの大工のおかみさん」にかねて教わっていた「宵や町」〔原文ママ、長唄の「宵は待ち」か〕を踊って、「仲々、手筋がよろしいな」と褒められている。小学校では「唱歌も得意」だったが、それ以上の記述は特にない。「映画やお芝居に連れて行かれた記憶はありませんが、一体に芸ごとが好きで、浴客の脱衣場を舞台にいつも歌ったり踊ったりしていたので界隈の評判となり（略）小屋掛けの浪花節芝居に懇望されて子役に出たこともあった」という。浪花節芝居とは、現在では「節劇《ふしげき》」と呼ばれるもので、歌舞伎や文楽の義太夫の代わりに浪花節を用いる芝居だ。

学校で教わる歌ではなく、また、入場料を払って見に行く芝居や映画でもなく、ましてや高価な蓄音機で「洋楽」を聴くのではなく、巷で人々が歌い踊る芸、つまり歌舞音曲を通して、彼女の基本的な感受性が培われ、また日常的に自ら歌い踊っていた。そのことの意味を考える上で、実家が銭湯だったことはきわめて重要だ。

永嶺重敏『歌う民衆と放歌高吟の近代　放歌民衆から唱歌・軍歌を歌う国民へ』によれば、明治以降、公共の場で人々が高歌放吟することが非文明的であるとして禁止される中で、官憲が入って来づらい湯屋は、「唯一放歌の許された空間」であったという。永嶺は、岡本綺堂を引いて、明治時代の湯屋では、「義太夫、清元、常磐津、新内、端唄、都々逸、仮声〔声色、物真似〕、落語、流行唄」を聴くことができたと述べる。永嶺が扱っている例は主に明治期だが、基本的な性格は大正期でも大きくは変わらないだろう。大都市の銭湯は、多様な人々が日常的に行き来する場であり、出身地も生業も異なる人々が行き交う中で、さまざまな音曲の交換が起こっていただろう。さらにいえば、笠置は小学校卒業前後の時期を沖縄系移住者のコミュニティの中心となった大正区・南恩加島《みなみおかじま》で過ごしており、そこでなんらかの音楽的な交流が起こっていたら、という妄想を禁じえない（ちなみに沖縄音楽を専門に扱う最初のレコード会社マルフクレコードは、笠置が小学校を卒業した一九二七年に大阪で設立されている）。

そして、大都市部の庶民的エリアの銭湯での歌と芸の交換は、内風呂を持つ阪急沿線の郊外住宅では起こりえない。宝塚少女歌劇の上演が始まった「パラダイス」は、宝塚新温泉に隣接しているが、そこで高歌放吟が行われていたとはなかなか想像しにくい。笠置は、郊外の新興中産階級とは異なる歌と芸のリテラシーを身につけていた。そしてそれは、七歳年長の服部良一についてもある程度共通する。

松竹楽劇部に入団

笠置と養母にとって、芸事は「見すぎ世すぎ」のためのものでもあった。「芸は身を助く」である。一九二七年、彼女は小学校を卒業すると松竹楽劇部に入団している。

この経緯は自伝では以下のように記される。「近所の人たちに宝塚歌劇の話を聞くと早速その気になった私」に母が受験を勧め、「そんなもの見たこともなかった」が、試験を受ける。試験は「難なく突破」したものの、「最後の体格検査でハネられ」、「家へ帰っても落第したとはいわず『うち、あんなとこ、好かんさかいやめてきてしもた。おすましで、気取り屋で性に合わんわ』とトボけた」という（『歌う自画像』）。体格がしばしば階級差の最も顕著な指標となることを考え合わせると、「体格検査」での不合格は、彼女の歌と踊り、というより容姿が、郊外プチ・ブルジョア層の子弟が同階層の観客に向けて演じる宝塚歌劇にはそぐわない、という判断を意味していたかもしれない。

その後彼女は、「南地の花街の知り合い」の求めで「下地ッ子」に出されそうな気配を察する。しかし「芸妓はどうも気が進みませんでした」ということで、「宝塚に対抗する松竹歌劇が心斎橋々畔の松竹座を本城にしているのを、ふっと思い出し」、松竹楽劇部の楽屋に乗り込み、音楽部長の松本四郎に入門を直訴する。

曰く、「わては宝塚でハネられたのが残念だんね。こうなったら意地でも、道頓堀で一人前になってなんぼ身体がちっちょうても芸に変りはないところを見せてやろう思いまんね。どんなことでも辛棒しますさかい、先生、どうかお願い申します」。ちなみに彼女は「それまで千日前や道頓堀には母に連れられて二度しか行ってい」なかったといい、「ふっと思い出し」というのはやや不自然にも思えるが、そこを詮索しても仕方がない。銭湯の客の誰かが話していたのかもしれない。少なくとも彼女の周囲では、ブルジョア郊外住宅地の宝塚よりは心斎橋のほうが話題にのぼる可能性はずっと高かっただろう。

笠置が宝塚に落ちて〝押しかけ入団〟した松竹楽劇部は、一九二二年、日本最初の鉄筋コンクリート造りの映画館として、翌年開館する大阪松竹座でのアトラクションのために設立された。もちろん宝塚少女歌劇の模倣であり、設立にあたって舞踊家の楳茂都陸平《うめもとりくへい》や、先に名前が出た音楽部長の松本四郎など、宝塚歌劇の中心的なスタッフを引き抜いている。笠置が入団した一九二七年は、その後恒例となる『春のおどり』が最初に上演された翌年だ。現在まで同歌劇団のテーマソングとして親しまれている「桜咲く国」は第五回から上演されるので、まだ出てきていない。現在では「桜咲く国」とセットになっている傘を開いたり閉じたりする振り付けは、第四回『春のおどり』の際に、出演者が桜の花びらに見立てた大量の紙吹雪を吸い込んでしまったことがあり、そうした事故を防ぐための工夫だったという。〝必要は発明の母〟的な工夫から、その後一〇〇年続く定番が生まれる、というのはぐっとくる。創造性とはなにかを改めて考えさせられる。

笠置は自伝で、松竹に入団後、東京公演で「よく宝塚とぶつか」ったことを紹介している。「同じ木挽町」に泊まっていながら、

宝塚はいつも関旅館で私たちの宿屋とは雲泥の相違の豪華版なので、みんなは羨やみましたが、宝塚には曰わく因縁のある私は羨むより癪にさわって、三浦時子さんや橘薫さんの部屋の下へ行っては

「なんや、えらそうに納まって、ちょっと、ここまで出てきいな。旅は道づれというやないか。同じ大阪から出て来て、そんなに木で鼻をくくらんかて、ええやないか」と殴り込みをかけたものです。今から思うと全く冷や汗ものですが、向うも宝塚では頓狂な方だったので

「おもろい女の子が来よった。えらい鼻息で、猿のような顔をして怒鳴っとるがな」と、二階の窓から首を出してゲラゲラ笑ったものです。これ以来、橘薫さんとは大の仲良しとなって、いまだに親交をつづけております。(同前)

「いい話」の体でまとめているが、なかなか大胆というか無鉄砲な話ではある。この「殴り込み」は、宝塚と松竹の待遇の違いや雰囲気の違いに加え、笠置が少女歌劇という芸態そのものに感じていた違和感を示すエピソードとも読める。

笠置の一歳年下で入団も一年後の東京松竹歌劇団の大スター、ターキーこと水の江瀧子も松竹と宝塚の違いを明言している。「松竹と宝塚では、演《だ》し物から何から全然違っていましたね。あちらは割といいところのお嬢さんが月謝払って宝塚の学校へ行って、それから舞台に出てたし、こちらは最初から給料もらって職業としてやってましたからね。芸の質は正反対だったんです」(水の江瀧子『ひまわり婆っちゃま』)。ちなみに、一九三一(昭和六)年に少女歌劇で初めて断髪男装を行い「男装の麗人」として一世を風靡することになるターキーの初舞台は、一九二八年の昭和天皇即位礼にちなんだ「御大典奉祝レビュー」で、大阪松竹楽劇部の東京公演のバックという扱いだった。「笠置さんが初めて私のお化粧をしてくれたの。だから笠置さんとは相当長くつき合ってましたよ」という。

松竹団員の「プロ意識」

周知のように、現在に至るまで宝塚歌劇は、宝塚音楽学校の「卒業生」のみによって構成され、所属団員を音楽学校卒業後も「生徒」と呼び学年階梯を遵守するなど、学校を模したシステムで運用されている。実際、当時の宝塚少女歌劇の出演者は、宝塚音楽学校の「生徒」であるため、人前で芸を見せることを生業とする者に義務付けられた芸人鑑札登録を免除されている。松竹の場合、養成所の生徒には「技芸員」という呼称が用いられ、鑑札登録が行われていたと推測される。

社会学者の周東美材《しゅうとうよしき》は著書『「未熟さ」の系譜　宝塚からジャニーズまで』において、演者の幼さや未熟さを積極的な魅力として愛好する嗜好が、現代に至るまで脈々と継承されていることを明らかにし、その起点のひとつとして、疑似学校的な芸能である宝塚少女歌劇を置いた。周東は、少女の「未熟さ」の偏重は、西洋をモデルにした核家族的な近代家庭における「子ども」の理想化という規範と結びつくものであり、また、「高級」なものとされた西洋文化を先駆的に輸入する窓口であるがゆえにその不完全さや稚拙さがむしろ肯定的に評価されてきたと示唆する。つまり「大人」たる西洋近代への従属とひきかえの保護のもとで、大人を模倣し学習する「子ども＝生徒」としての近代日本、という見立てである。とりわけ「少女＝女生徒」は、労働からも生殖からも遠ざけられた「純粋」な存在として理想化された。

周東の論は慧眼といえるが、同じ少女歌劇でも、松竹については、この「西洋化の尖兵としての少女」という見立ては単純に適用できないのではないか。宝塚＝阪急のように、高邁な理想を掲げつつ、沿線住民である新中間層の新しい生活スタイルを啓蒙することで商品化（ブランディング）を行うのではなく、松竹少女歌劇は、在来の劇場経営の発想に基づき、歌舞伎も浪花節も映画も等しく興行種目として扱う松竹が運営していた。それゆえ、松竹の歌劇は宝塚と年齢においてはほぼ同じ少女によって構成されながら、宝塚の「良家の子女」イメージと結びつく「未熟さの系譜」からは逸脱するものとして、都市庶民層の自覚的な職業意識を伴って演じられていたといえる。前述の笠置や水の江の証言はそのことをはっきり裏付けている。彼女たちは、宝塚のように、新たな中間層の文化生活への夢を掻き立て啓蒙するために、あるいは将来そうした家庭の奥様に収まるべく、目指すべき西洋の芸術を不完全に模倣するのではなく、プロフェッショナルとして眼の前の観客の趣味と関心に応え満足させるための娯楽を提供した。

水の江瀧子の断髪による「男装の麗人」という、事後的にみれば少女歌劇という芸態における最大の発明が、宝塚ではなく松竹から生まれていることは示唆的だ。「良家の子女」の規範的・家父長制的なジェンダー・イメージを撹乱する「男装の麗人」は、郊外のお屋敷街ではなく、大都会の下町から生まれるべくして生まれた、といえばいいすぎだろうか。

音楽についても、宝塚と松竹の差は大きい。「すみれの花咲く頃」「モンパリ」「おお宝塚」といった宝塚歌劇の歴史的な有名曲はすべて、外国曲に日本語詞を付けたものだ。元の詞にある程度忠実なものも、「おお宝塚」のようにほぼ無関係なものもある。たとえば「おお宝塚」の原曲はハリー・カールトン作詞作曲の「C.O.N.S.T.A.N.T.I.N.O.P.L.E.」というコミカルなポピュラーソングで、タイトルのスペルを一文字ごとに発音して歌う、という部分だけを用いている。原曲の歌詞は、学校の先生が生徒に「コンスタンチノープル」という綴りを覚えさせるために一文字ずつ歌う、という設定だ。宝塚の『パリゼット』(一九三〇)で「おお宝塚」が歌われた翌年には、元の歌詞の内容に即した日本語版を、当時日本在住のジャーナリストだったバートン・クレーンがコロムビアで吹き込んでいる。「太郎は一番のアホですよ」という歌詞が最高すぎる。ともあれ、宝塚では実際の現地の文脈や原曲の歌詞には頓着せず、日本国内で通じる高級な「舶来性」のイメージだけが強調されたわけだ。

それに対し、大阪松竹歌劇団(現・OSK)の象徴といえる「桜咲く国」(一九三〇)や、少女歌劇ではないが、一九二八年に大流行した松竹座の幕間の新劇公演劇中歌「道頓堀行進曲」が詞・曲とも座内で作られたものであることも興味深い(同曲については、第二章で詳述する)。どちらも、曲やハーモニーが特に洗練されているわけではないが、当時の人々の気分にぴったりとはまり、その後何十年にもわたって口ずさまれている。アンセムという言葉がふさわしい。

見世物との連続性

ともかく、少女歌劇という芸態を、西洋近代文化の「未熟な模倣」としてだけではなく、在来の、近世以来の「成熟した」歌舞音曲や見世物の感覚の中に、新奇な外来要素も選択的に（しばしば見様見真似で）取り入れたものとして再考することが可能であり、必要だ。

再びターキーを引けば、「SKDにいて勉強になったのは、歌舞伎の世界を知ったことですね。歌舞伎も同じ松竹だから、そういう縁でいつでも見れたんです」（『ひまわり婆ちゃま』）。現在の少女歌劇の研究ではほぼ例外なく、歌舞伎や花柳界や松竹を旧弊として批判した小林一三の思想が強調されるが、当時、実際に舞台に立っていた人々や劇場に足を運んでいた人々の経験に即して考えれば、映画や歌舞伎や新派や女剣劇やのちのストリップなどとの連続性を無視することはできない。

たしかに少女歌劇という形態を生み出したのが阪急の小林一三であることは間違いないが、少女歌劇という芸態自体は、松竹をはじめ多くの模倣者を生み出すことで土着化してゆく。むしろそうした有象無象を通じて、少女歌劇は大衆文化として定着していったのだ。宝塚以外の少女歌劇については倉橋滋樹・辻則彦『少女歌劇の光芒　ひとときの夢の跡』

に詳しい。

また、近代日本において少女が演じたさまざまな大衆的芸能を、現在のアイドル文化との連続あるいは類似において扱ったものとして前述の笹山敬輔『幻の近代アイドル史』がある。本書の目論見は、これらの企図に連なるものでもある。

日舞からのスタート

さて、一九二七年に大阪松竹楽劇部に入団した少女は、「三笠静子」という芸名で舞台に立つ。この芸名は「近所の物知りの人」がつけてくれたという。踊りの下地があるということで、声楽ではなく舞踊専科に配属されている。「なにしろ階級と序列のうるさい大阪松竹歌劇でしたから、何事も順序を追って行くため、舞台で役らしい役を貰うまでには大変な忍耐を要し」たため、「先生や先輩たちに可愛がられなければならない」と考え、「楽屋の雑用も人を押しのけてまで引き受け」、「誰が休んで、その代役が来ても即座にやってのけられるように、全部の役を眼を皿のようにして頭へ入れました」という(『歌う自画像』)。

しかし、体が小さかったこともあり、踊りから歌に転向する。「このように眼先きの利く私でしたから、いくら上手になっても踊りでは私は世に出られないと見切りをつけ、松本先生にお願いして声楽の方へ転向しました」。元々歌が得意だったとか好きだったというわけではなく、歌劇団の中で生き残るための現実的な判断として歌を選んだところが面白い。第四章で服部との関係に即して詳述するように、笠置の歌手としての個性は、当時正統とされた西洋式の声楽の規範から逸脱していることと密接に関わっている。「歌劇時代の私は手ほどきだけして貰った程度で、殆んど独学といってよいだろうと思います」とも述べており、もともとの日本舞踊の経験に、後から「殆んど独学」の歌が接ぎ木されたことで、当時唯一無二の「歌って踊れる」ステージ歌手への道が開かれたのだ。このことは、大袈裟にいえば、西洋式のベルカント唱法を「正しい」ものとする日本の音楽教育（学校と民間とを問わず）に対するひとつの挑戦を示しているようにも思われる。

1930年（16歳）頃の笠置。最初の芸名は三笠静子だった。A

一九三二年の『春のおどり』

で頰を赤く塗ったポンポーサー役を演じ、コミカルな歌を歌ったことで、「私の行き方もきまり、私のファンもついてきたようです」という。

1932年、『春のおどり　ラッキー・セブン』でポンポーサー役を演じた。コミカルな歌とメイクで注目される。A

「桃色争議」

「歌う女優」として順調なスタートを切った矢先に、ある「事件」が起きる。翌一九三三年六月一〇日、東京松竹少女歌劇部で、待遇改善を求める労働争議が勃発し、大阪でもそれに呼応して争議が起きたのだ。いわゆる「桃色争議」だ。このことも、松竹の少女歌劇の労働者としての矜持を感じさせる。

東京の方は、会社による劇場のロック・アウトと争議団の湯河原での立てこもりを経て、七月に浅草松竹座付属の松竹少女歌劇部（ＳＳＫ）から松竹本社直轄の松竹少女歌劇団（ＳＫＤ）に改組され、松竹少女歌劇学校を創設することで一応の解決を見た。委員長を務めた（「花の委員長」とも称された）水の江瀧子も中心人物のひとりとしていったん解雇されたが、絶大な人気を誇るスター抜きの興行はありえず、一〇月には復帰している。

一方、大阪でも、東京の争議勃発を受け、五日後の六月一五日に楽劇部員の待遇改善の嘆願書が提出される。が、合意に達せず、二五日からストライキが決行され公演が中止された。その後の切り崩しに備えて、争議団は高野山の金剛三昧院に立てこもる。一〇日あまりの籠城を経て七月八日に調停が成立し、翌日に下山した際には、待ち構えたファンや支援者とともに南海難波駅から争議団本部の日本橋の立花屋旅館まで、松竹が経営する各劇場前で「争議団万歳！」を叫びながら行進したという（ＯＳＫ日本歌劇団90周年誌『桜咲く国で　OSKレビューの90年』)。なんとも心躍るエピソードだ。しかし、飛鳥明子をはじめとする幹部団員は責任をとり退団、争議後の公演はしばらく停滞する。

「恋のステップ」で歌手デビュー

翌一九三四年、大阪松竹楽劇部は本拠地を道頓堀の松竹座から千日前の大阪劇場（大劇《だいげき》）に移し、大阪松竹少女歌劇団（ＯＳＳＫ）と改称し、戦前の全盛期を迎える。

大劇は、前年に、松竹とは関係のない経営者が東洋劇場という名で建設した大劇場で、松竹が建設した歌舞伎座の目と鼻の先にあった。映画と実演を行う予定だったが、映画館関係の実演は松竹に押さえられており演者を手配できず、やむなく洋画専門館として開館した（岡本友秋『大劇33年の夢舞台　照明マンが語る秘話の数々』）。当然のごとく経営不振に陥り、ほどなく松竹系の千日土地建物株式会社に売却され、松竹系の映画と実演の劇場となった。

大劇に拠点を移しＯＳＳＫと改称した第一回記念公演『カイエ・ダムール』の主題歌「恋のステップ」は三笠静子が歌った。コロムビアからレコードも発売されていることから、松竹の力の入れようがわかる。彼女のソロを含む歌がレコード発売された最初だ。ちなみにコロムビアと松竹は、のちに『愛染かつら』主題歌「旅の夜風」（一九三八）以降、映画主題歌で強力な関係を築くが、この時期、すでにレヴューの主題歌やターキーのレコードを出している。ターキーが「容姿一〇〇点、踊り七〇点、歌〇点」と評されていたことは知られているが、浅田美代子や大場久美子に馴染んだ耳にはそれほど酷くないと思う。もちろんお世辞にもうまいとはいえないが、無理に西洋式に寄せない発声はむしろ好感が持てる。当時の、西洋式の音楽教育を受けていない市井の人々の音楽性をうかがい知る上でも興味深い。

「恋のステップ」は、軽快に弾むリズムの明るいポピュラーソングで、フォックストロットを踊るのに向いていそうなテンポだ。イントロの四小節は、当時流行りつつあった「ダイナ」の歌い出しのメロディに似ているが偶然かもしれない。笠置（三笠）の歌は、その後の特徴的な地声とは異なり、まだ西洋式発声の枠内にあるが、低めの音で歌い出すあたりはのちの特徴が表れている。コーラス・ガールによる「チェリオ」という掛け声が楽しい。

「服部ヘンリー」の正体

「チェリオ」は当時の新語で、藤山一郎も同年に「チェリオ！」という曲を発表している。戦後の笠置の「さくらブギウギ」（一九四八）にも「チェリ、チェリ、チェリオ」とい

う歌詞が出てくる。一九三一年刊行『モダン語漫画辞典』によれば、

チェリオ（英cherio）

チェア・ラップが生みの親で、チェア・オーとチェア・ユーが育ての親と云う、少し手数のかかったヤヤコしい存在である。盃を持ってチェリオ。女と別れ際にチェリオ。解雇辞令を渡してチェリオ。富山の薬みたいになんでも御坐れ役に立つ語だ。意味は？「健康を祝す」とでも申そうか？　不景気と革命と、国際連盟と共に世界大戦が生んだ語である。

新語を強調したいかにも軽妙（軽薄）でモダンなこの曲の作曲者は、「服部ヘンリー」とクレジットされている。「服部ヘンリー」はこれまで、服部良一の変名とされてきたが、実は服部逸郎（レイモンド服部）だったことが、本書の執筆中に明らかになった。そのきっかけは、本書の執筆準備のため、服部良一の孫娘である服部朋子さんにお会いしたことだ。せっかくの新発見なので、その経緯を書かせてほしい。

そもそもの発端は、「恋のステップ」が服部良一作曲だとしたら、この時点で、笠置シヅ子と出会っていたはずなのではなかろうか、という疑問だ。第四章で紹介するように、

服部は自伝で笠置とは一九三八年に東京で初めて出会ったとしており、そのときの様子をきわめて印象的な筆致で記している。一九三四年にすでに大阪で会っていたとしたら辻褄が合わなくなる。後知恵でいえば、数年前、佐藤利明がプロデュースした二枚組CD『ブギウギ伝説　笠置シヅ子の世界』のボーナストラックとして初めて聴いたとき、ちょっとした違和感を持ったこともある。服部良一にしては編曲が少し平板だ。しかしこれはレコード会社のバンドではなくＯＳＳＫの管弦楽団だからという可能性もある。もとより私は音だけで作曲家を同定するような耳は持ち合わせていない。というか、音楽的な特徴のみによって作曲家の真贋を問うのは危険だ。大作曲家にしては十分に優れていないという理由で贋作と認定されたものが、後から真作であると判明した例もある。

それよりまず、状況証拠だ。主題歌を歌う歌手と作曲者が公演や録音で全く顔を合わせないことは考えづらい。服部良一の作編曲であれば、当然録音でも指揮を行うだろう。そこで、実は服部良一ではなく、もしかしたら同時代の作曲家で「ヤットン節」やＴＢＳスポーツテーマ「コバルトの空」などで知られる服部逸郎（レイモンド服部）ではないか、と思い当たった。ウィキペディアの服部逸郎の項目の中に、いくつかの変名のひとつとして「服部ヘンリー」があり、「恋のステップ」も彼の作として記されていた。

そこで、朋子さんに「もしかしたら「恋のステップ」は服部良一ではなくレイモンド服部の作曲なのではないか」と素朴な疑問をぶつけてみた。同時に、笠置のCDに解説を寄稿されている音楽評論家の毛利眞人さんにも訊ねてみた。毛利さんは即座に、「服部ヘンリー」がのちの服部良一である、と記す典拠をいくつも示してくださり、その中には松竹の社史もあった。当時服部良一はニットーレコード東京スタジオの専属だったため、コロムビアで変名を使う理由も十分にある。やはり勇み足だったか、ああ素人の浅はかさよ、と意気消沈した。しかしその後、服部朋子さんがコロムビアの担当者に確認を依頼してくださり、資料室で「ヘンリー」を消して「レイモンド」と上書きしたレーベルコピー（レコードレーベルに記載する情報を記した用紙）が見つかったという。この時期の大衆音楽については、まだまだわかっていないことがいくらもあるのだなあと痛感した。

上京、松竹楽劇団へ

さて、ＯＳＳＫは大劇に本拠地を移し人気を高め、三笠静子から改名した笠置シヅ子も、歌が得意なコミカルな娘役として幹部団員の一角を占めるに至った。一九三七年の第一二回『春のおどり』に際して大阪のタイヘイレコードで吹き込まれた「桜咲く国」のレコード（ＣＤぐらもくらぶ『大大阪ジャズ』収録）では、月ヶ瀬咲子、松月さえ子とトリオで歌っているが、残念ながら「笠原シズ子」と誤記されている。この録音では、芦原千津子のタップが強調されている。もちろん録音で聴くとカタカタいっているだけでクレジットを見ないと芦原のタップとわからないのだが、レコードを音だけで完結した作品として構成するのではなく、あくまでも人気者による人気の実演を記録したものとして捉えていることがうかがえる。これは、第三章で扱う外資進出以前からの関西系レコード会社の重要な特徴といえる。

タイヘイレコードの「桜咲く国」の翌年、一九三八年四月、笠置は上京する。松竹が新たに立ち上げた男女混成のレヴュー団、松竹楽劇団（SGD）に移籍するためだ。松竹楽劇部と紛らわしいが、少女歌劇とは別の団体で、東宝が設立した日劇ダンシングチームの模倣だ。こちらは松竹が経営権を取得した帝国劇場に本拠を置いた。やることがわかりやすい。そしてえげつない。ともあれ、東京の松竹楽劇団で彼女は、「人形遣いと人形、浄瑠璃の太夫と三味線のように切っても切れない間柄」（『歌う自画像』）となる服部良一と出会うことになる。文楽の比喩がきわめて大阪的なのも嬉しい。笠置と服部の東京での運命的な出会いの前に、「恋のステップ」ですでに出会っていたら、と焦ったがなんとかなった。それどころか予想外の新発見まで付いてきた。ということで、次章からは、道頓堀ジャズの申し子・服部良一とその時代についてみていこう。

第二章 服部良一と「道頓堀ジャズ」

融通無碍な服部音楽の素地

本章では、服部良一という稀有な音楽家と、その才能が開花する上で不可欠の培地となった大正末から昭和初期の大阪、つまり人口においても面積においても経済規模においても東京市を凌駕する東洋一の大都市であったいわゆる「大大阪時代」の音楽文化とその背景となるモダン文化について概観する。

市井の音楽隊で木管楽器演奏者としてキャリアを開始し、ラジオ局のオーケストラとジャズバンドを掛け持ちしながら、当時の最高レベルの西洋式の作曲、編曲、指揮の技術を身につけ、時には作詞も行い、カフェーやダンスホール、放送、舞台、レコード、映画、コンサートホールを股にかけて活躍した。

その幅広い活動は、しばしばいわれる「流行歌王」や「J-POPの父」といった称号には到底収まりきらない。「流行歌」や「J-POP」は、レコードとして流通するポップソングのあり方を前提にしており、服部の多彩な活動をレコードというひとつのメディアに押し込めるものだからだ。

後述するように、昭和以降の日本のレコード歌謡は、産業構造も含め、常に「洋楽」の象徴的な支配のもとで展開してきたといえるが、服部は、当時の日本における最高度の西洋近代音楽の技法を身につけていながら、わらべうたや民謡や音頭や浪花節や落語といった地場の歌舞音曲の感受性と新奇な舶来の雰囲気を混ぜ合わせて、人々を楽しませるための音楽を作る道具としてその技法を使い倒した。そしてそれをレコードに限らずあらゆるメディアを通じて広めた。これは、当時のエリート音楽家や評論家の多くが「洋楽」の「正しい」紹介や啓蒙に汲々としていたのとは全く異なる態度といえる。それゆえ、服部を、(アメリカ音楽としての)「ジャズ」の日本における先駆者として位置づけることも、価値基準を外来音楽においている点でやはり一面的であるといわざるをえない。

服部は、自伝『ぼくの音楽人生』の冒頭で、一九二〇年代の道頓堀川周辺の盛り場をミシシッピ川が流れるニューオーリンズの歓楽街ストーリーヴィルに喩えて、ここで生まれた音楽を「道頓堀ジャズ」と呼んでいる。服部自身はアメリカのジャズになぞらえているとしても、ここではあえて拡大解釈したい。つまり、ニューオーリンズにおいてのちにジャズと呼ばれる音楽が生まれたのと似た環境から、都市の新しい音楽が生まれた、ということだ。

一九二〇年代、第一次世界大戦で没落したヨーロッパの外で、地元の歌や踊りと、戦後台頭したアメリカ発の大衆的で商業的な消費文化が結びついて、さまざまな新しい音楽と娯楽の文化が同時多発的に生まれている。ブラジルのサンバや、キューバのソン(キューバの外では「ルンバ」と呼ばれた)などがその一例だ。それらはしばしば、新しく大衆的で享楽的な音の包括的な比喩として、それぞれの地域の「ジャズ」と呼ばれた。ただし「道頓堀ジャズ」は、サンバやソンのような固有の名前を持つことは残念ながらなかった。ほぼ同時期に「流行歌」という新種が生まれるが、それはむしろ、盛り場で起こっていた猥雑で混沌とした文化的創造性を、一九二〇年代末に東京に進出した外資系レコード会社が確立した強固で排他的な産業構造の中に囲い込み、飼いならすことで成立したといえる。

地場の音楽(音曲)と西洋近代音楽の境界を越え、ということはつまり通俗と高尚の境界も越え、さらには国境も越える(戦後は香港映画の作曲家として活躍する)、服部の融通無碍《ゆうずうむげ》で親しみやすい音楽性は、もちろん彼自身の才能や修練によって生み出されたものだ。しかし、その才能が見出され発揮される上では、当時の大阪の文化的環境が決定的に重要だったと私は考えている。大阪にいた誰もが服部良一になれたわけではないが、当時の日本で、もし大阪以外の場所で、というかはっきりいえば東京で育っていれば、これほど多面的な活動をすることはできなかっただろうし、そもそも音楽を生業にすることさえも叶わなかったかもしれない。そして、服部自身も、そのことに自覚的だったと思われる。

芸事好きの一家

服部良一は、一九〇七(明治四〇)年一〇月一日に大阪で生まれた。父は久吉、母はスエ、姉二人妹二人の間の長男だった。自伝によると出生は「玉造のはずれ、本庄」だが、五歳になる頃には谷町《たにまち》九丁目の生国魂《いくたま》神社そば（服部のエッセイ「音楽家小伝　スウィングへの遍歴」〈『音楽の友』一九四六年一〇・一一月合併号。以下「スウィングへの遍歴」〉では「境内」としている）の長屋に移っていた。先祖代々尾張の人形師で、祖父の代（「スウィングへの遍歴」では父の代としている）に大阪に移ったという。しかし、第一次世界大戦後、「人形もセルロイドやゴム製品になって素朴な土人形や土の動物のおもちゃは商売にならず」（『ぼくの音楽人生』）、良一の幼少時には父は砲兵工場に働きに出ており、その後魚屋を営むなど、「生活は段々苦しくなるばかり」だった（「スウィングへの遍歴」）。

近松門左衛門の浄瑠璃『生玉心中』の舞台であり、『曾根崎心中』にも登場する、「生玉さん」は近世以来、芸能興行が盛んに行われ、近年では上方落語発祥の地とも謳《うた》っている。谷町九丁目は各宗派の寺院が並ぶ寺町だが、現在では大阪有数の性風俗とラブホテルの街でもある（重永瞬「大阪市天王寺区生玉町におけるラブホテル街の形成と変容」）。「聖と性」の隣接は、浅草と吉原の例をあげるまでもなく、近世以来の都市の盛り場の大きな特徴でもある。谷九の実家は道頓堀の顔といえる戎橋《えびすばし》（「グリコ」看板のふもと）から東に徒歩約二〇分。のちに服部が多く仕事をするラジオの大阪放送局は、「馬場町角《BK》っこ」に移る以前、実家から南に二〇分ほど歩いた上本町《うえほんまち》九丁目にあった。幼少時は開通したばかりの市電で千日前に行くのが好きだったという。笠置と同様、決して豊かではない生育環境だったが、盛り場へのアクセスは服部のほうが格段によかったとはいえそうだ。

両親はともに芸事が好きで、父は浪花節、母は江州音頭や河内音頭が得意で、町内の祝い事などで人が集まって酒を酌み交わす場では決まって披露していた。良一少年も「聞きかじりの小唄や浪曲のまねごとをして、居並ぶ大人たちからヤンヤの喝采を浴びた」と自伝で記している。姉たちも、近所の三味線の師匠に小唄と三味線を習っていた。ただし、「スウィングへの遍歴」では、「凡そ音楽からは縁の遠い両親」と形容しており、この時期の音楽専門誌では、浪花節や小唄や音頭を「音楽」と形容するのがはばかられたことがうかがえる。ここには「音楽」と「歌舞音曲」の断絶がはっきり示されている。

都市の下町で、在来の芸能を演じる素人たちに囲まれ、自らも見様見真似で実践する、という点では、銭湯の娘だった笠置とも共通する。しかし服部家の場合は二つの点で違いがある。ひとつは、家に蓄音機があったこと。「父親は浪花節がなにしろ大好きでした。そやさかい、蓄音機いうたらえらい高価なもんでしたけど、売り出されたらすぐに買いましたわ。奈良丸のレコードをぎょうさん買うてましたで」（上田賢一『上海ブギウギ1945 服部良一の冒険』）。

もうひとつは、近所にメソジスト派のキリスト教会があり、六歳から一〇歳頃まで日曜学校で賛美歌を歌っていたことだ。服部は自伝で、「ぼくの西洋音楽への目覚めも、この讃美歌であったといっていい」としている。こちらのエピソードは「スウィングへの遍歴」ではこれでもかと強調されている。

一九一四（大正三）年（笠置が生まれた年だ）に、服部は東平野尋常小学校に入学する。同窓の先輩に武田麟太郎、後輩に織田作之助と、大阪の代表的な作家が名を連ねているのが面白い。唱歌はもとより全科目にわたって学業優秀で、ずっと級長か副級長を務めていたという。校長の転任に当たり、「校長先生を送る」という作文が課され、その代わりに「『ローレライ』と『仰げば尊し』のメロディーを混ぜ合わせたような奇妙な歌を作詞作曲し、それを校長先生に捧げ」（『ぼくの音楽人生』）たことで学校中の評判になっている。同時期には、近所の銀山寺という寺の子供会で短歌を詠んでおり、その処女作は、

ぼんさんは頭はたこで衣着て
　手には数珠持ち南無阿弥陀仏

というもので、のちに「山寺の和尚さん」を作る「機縁になっている」とする（同前）。

働きながら作曲を

「家庭の事情で中学校や商業学校へ進学できなかった」ため、小学校尋常科六年を卒業すると、二年の高等科へ進む。かたわら、五年生の頃から始めていた新聞配達も続け、家計を助ける。尋常科のときの親しい友人たちの多くは上級学校を受験して進学しており、「心の寂しさは消えなかった」という。高等科の担任教師が「愛用のバイオリンをひいて西洋の歌を教えてくださるというハイカラ先生」で、「ひよどり越え」や「近衛騎兵」といった唱歌の歌詞を『カルメン』の「トレアドールマーチ」やワーグナーの「結婚行進曲」にのせて歌わせる、というユニークな授業をしていた。それで、新聞配達の折に、この「変曲法」で「歌劇の抜粋歌や流行のコミカル節などを歌」ったり、「自作の短歌や詩に感情のおもむくまま勝手な節をつけて思い切り歌うこともあった。そのころから、そうした一種の作曲は好きだったようである」とする。「歌をうたい、ハーモニカに没入するときだけ日常の苦しさや悲しさを忘れることができた」(同前)。

これらは、自伝の記述によるものだが、こうした経験について余すところなく記述し、また自身の創作の端緒として重視しているところに、叩き上げの矜持を感じる。「正統な」教育を存分に受けたのちにいよいよ創作に入るのではなく、見様見真似でとにかくやってみる、ということだ。

尋常高等科を卒業後、貿易商に奉公に出、夜学の商業学校に通う。三ヶ月で店を飛び出し実家に戻るが、翌日には大阪電通の「給仕に毛の生えたような職」が決まっていた。

大学生の角帽に憧れ、「ハーモニカも歌も忘れた一時期」とはいえ、休日には道頓堀の繁華街に行き、落成間もない松竹座のオーケストラを漏れ聞き、今井楽器店のショーウインドーに飾られた西洋楽器に見とれていたという。

うなぎ屋の楽団に入隊

仕事が忙しく夜学に通えないことで、電通も辞める。さらには「神経衰弱」に陥り、母の郷里、南河内で静養していたところ、姉・久枝から手紙が届く。久枝の奉公先であるうなぎ料理店の出雲屋が、若旦那の吉田安次郎の発案で道頓堀に少年音楽隊を作るというのだ。「高島屋や松坂屋が少年音楽隊を持って派手にやっておます。出雲屋も同じ〝屋〟がついてまっせ。そんなら、うちでも立派な音楽隊をこさえて、売上を倍増しようやおまへんか」（同前）。

姉に促された服部少年は河内から南海電車で道頓堀に向かう途中の電車に出雲屋少年音楽隊の募集広告が掲げられているのを見て、洋風の派手な楽隊服の少年の姿を恥ずかしく思ったという。百貨店の少年音楽隊に関する研究や回想では、西洋式の軍服を模した制服

出雲屋少年音楽隊入隊当時。右上が服部。B

への憧れがしばしば語られるが、服部少年はそうではなかったようだ。百貨店文化に親しみ、洋装に憧れる階層とは異なっていたということかもしれない。

ともかく、姉に説得され、就職口としての待遇も悪くなく、夜学にも通えることから入隊試験を受けることを決める。一五歳のときのことである。

ちなみに出雲屋は、鰻を白米の間に挟んだ「まむし」を、当時破格の一〇銭で提供したことで評判を取り、ミナミ一帯に複数の店を構えていた。後述する「道頓堀行進曲」の作詞者の日比繁治郎《ひびしげじろう》が一九三〇（昭和五）年に著した『道頓堀通』では、「うどん店へ入っても種ものなら六七銭も取ろうという時、十銭で所謂《いわゆる》まむしが食べられるのだから喰い辛抱《しんぼう》の大阪人押すな押すなで出雲屋へと押しかけたものである」と紹介されている。そしてなんといっても服部の小学校の後輩、オダサクの『夫婦善哉』である。

新世界に二軒、千日前に一軒、道頓堀に中座の向いと、相生橋東詰にそれぞれ一軒ずつある都合五軒の出雲屋の中でまむしのうまいのは相生橋東詰の奴や、御飯にたっぷりしみこませただしの味が「なんしょ、酒しょが良う利いとおる」のをフーフー口とがらせて食べ、仲良く腹がふくれてから、法善寺の「花月」へ春団治の落語を聴きに行くと、ゲラゲラ笑い合って、握り合ってる手が汗をかいたりした。（織田作之助『夫婦善哉』）

原稿を放り出して口をとがらせてまむしを食べ、なんばグランド花月にかけこみたい衝動に駆られる文章だが、残念ながら出雲屋はもうない。気を取り直して先に進もう。

大繁盛しているとはいえいわゆる高級料亭ではなく、今風にいえば「価格破壊」で当てた食べ物屋が、洋風の少年音楽隊を設立する、というところが面白い。ちなみにオダサクでは鰻の後で寄席に行っているが、千日前の出雲屋は歌舞伎座の正面にあり、芝居客で繁盛した。「出雲屋松重などは、その幕間に走って来る客のためにレデーメードの鰻丼を沢山拵らえておいて、注文すると同時に運んで来るという、フールスピードで客を集めている」（岸本水府『京阪神盛り場風景』）という魅力的な記述は、大阪における飲食と芸能の文化的連続性をはっきりと示している。ベタな言い方だが、げに「くいだおれ」の街である。

サクソフォンで聴かせるショー

さて、試験を一番で突破した服部少年の入隊は、一九二三年九月一日。そう、関東大震災の当日だ。天下茶屋の吉田宅本家の広間での入隊式の途中、「一族のおえら方が居並ぶ前で、採用された十数人の紅顔の少年が入隊の宣誓を唱えた。ちょうどそのとき、かすかな地鳴りとともに足もとが揺れ、ミシミシと戸障子が音を立てた」という。この日付自体はもちろん偶然だが、服部自身が「この関東大震災によって、東京のミュージシャンが大挙、大阪に流れてきて、道頓堀ジャズエイジを形成したのである。その起因となった日が、ぼくの音楽人生の第一歩である少年音楽隊入隊式の日だったのである」と回想しているように、象徴的な出来事であったことは間違いない。

軍楽隊出身の橘宗一を楽長に、松竹座オーケストラの指揮者（松竹楽劇部発足時に宝塚から引き抜かれた）原田潤や、宝塚のオーケストラの腕利きが指導にあたったという。道頓堀の今井楽器店でアメリカ製の高級楽器を仕入れ、特に、当時まだ珍しかった新楽器サクソフォンを一〇丁揃えたセクションが売り物だった。

複数の楽器を同時に習得しなければならないため訓練はきびしかったというがそのことが後年の編曲と指揮に役立っていることは疑いがない。そして、西洋芸術音楽への興味もにわかに高まり、橘楽長宅で「手回し蓄音機にかじりつくようにして聴」き、中之島の図

右から2人目が服部。出雲屋少年音楽隊ではサクソフォン・セクションのリーダーを務めた。B

書館で音楽理論や楽譜の書き方に取り組み、音楽家の伝記を読み漁って独学したという。

「デパートの音楽隊と違って、出雲屋のチェーンストアで演奏する」出雲屋音楽隊は、時には、店内から道頓堀通りに向けて「景気よくマーチや流行歌を流したこともあった」。百貨店のブランディングのための演奏と比べ、より娯楽本位のものだったようだ。

食堂での演奏は、勇壮活発なだけのブラスバンド演奏より、聴かせたり見せたりするショー的な演奏が喜ばれる。しかも、モダンで大衆的な歓楽街の中心、道頓堀という土地柄、ジャズが歓迎された。(『ぼくの音楽人生』)

その手本となったのは、船場の料亭「灘万《なだまん》」で演奏されていたジャズバンドだった。出雲屋少年音楽隊はサクソフォンが売り物だが、その楽譜は当時全くなかったため、「かっぽれ」や「安来節《やすぎぶし》」を服部自身が編曲し演奏していた。『服部良一の音楽王国』に掲載された「全仕事」に第一曲目として記されている一九二四年の「いづもダンス」は、そうした既存の旋律に基づくものだったかもしれない。

ちなみに、「かっぽれ」は明治以前から盛んだったが、島根県出雲地方の民謡である「安来節」は大正一〇年頃から大阪、東京、北九州の寄席で大流行し、大阪では、吉本興業（当時は吉本興行部）が台頭する大きなきっかけのひとつとなっていた。東京でも浅草オペラの後に流行している。単独の楽曲というよりも浪花節のような種目として考えるべきもので、基本的な旋律の中に、浪花節や漫談や流行唄《はやりうた》や芝居の真似など、あらゆる声の芸能を織り込むことができた。加えて、踊り手の娘の着物の裾から長襦袢やふくらはぎがちらりと見えることが売り物だった。いわゆる民俗芸能としてのあり方とは異なる、都市の娯楽的な上演文化における「民謡」の普及において決定的に重要な種目である安来節は、たとえばアメリカにおいて、南部の田舎の音楽スタイル（ほどなく「カントリー」や「ブルース」と呼ばれることになるもの）が北部を含む大都市圏で芸能化されていったことと共通する同時代の現象として捉えるべきだ。新たに都市で流行していた「田舎風」の旋律が、服部良一の最初期の創作の重要な素材となっていたことは注目に値する。ある意味では、W・C・ハンディが「ブルース」を採譜し編曲して大衆向け音楽商品として売り出したのと同じことを、服部良一は大阪の文脈で、意図せず行っていたわけだ。

BKのオーケストラへ

出雲屋音楽隊は、結成から二年足らずの一九二五年五月に解散し、服部を含む残った楽団員は、大阪毎日新聞が後援する「大阪プリンセス・バンド」に吸収されることになる。この時期、百貨店系の音楽隊も軒並み解散に追い込まれている。

同年には、ラジオ放送が開始される。前年一一月に設立された社団法人東京放送局（JOAK。AKとも）が三月二二日に仮放送、七月一二日に本放送を開始している。大阪では一九二五年二月二八日に社団法人大阪放送局（JOBK。BKとも）が設立され、同年六月一日に仮放送が開始される。名古屋は一月一〇日に放送局設立、六月二三日仮放送開始、七月一五日本放送開始だ。大阪の本放送は、東名阪の三局が社団法人日本放送協会となる翌年八月より後、一二月一日だ。服部は、JOBKが設立したオーケストラ（JOBKオーケストラ、のちの大阪フィルハーモニック・オーケストラ）に月給六〇円で引き抜かれ、シンフォニーオーケストラの世界に足を踏み入れる。

1928年に開催された大阪フィルの第1回発表会。服部は後ろから2列目、左から3人目でサックスを吹いている。B

NHKは現在に至るまで、日本における西洋芸術音楽の最大のパトロンだ。それは放送局のオーケストラが国内で最も格上とされていることからもわかる。AKは当初から西洋芸術音楽の放送を重視し、山田耕筰が設立した日本交響楽協会を財政的に支援していた。同協会が山田耕筰と近衛秀磨の対立から一九二六年に分裂すると、近衛が設立した新交響楽団を支援し、これが現在のNHK交響楽団となる。一方、AKに強い対抗意識を持つBKもオーケストラを急遽設立した（西村理「戦前・戦中におけるJOBKの放送オーケストラ」）。

洋楽器を持つ音楽隊団員を「西洋乞

食」と蔑み、魚屋を手伝わせようとしていた服部の父は、「学士さまよりは、ええ給金」なのを見直した。独奏者として名前入りで放送されるようになると、「近所の評判になり、家族も鼻が高く、父はようやくせがれを魚屋にするのをあきらめた」(『ぼくの音楽人生』)という。

運命の師と出会う

さあ、ここで「メッテル先生」の登場だ。時は一九二六年三月、BKはロシア革命によってハルピンに亡命し同地の管弦楽団を指揮していたウクライナ人、エマヌエル・メッテルを常任指揮者として招聘する。妻のエレナ・オソフスカヤはすでに宝塚音楽学校のバレエ教師の職を得ていた。一九三九年にアメリカに渡るまで大阪フィルと京大フィルを指導し、「関西音楽界の父」とも称されるメッテルの経歴や大阪に至る経緯は、岡野弁『メッテル先生　朝比奈隆・服部良一の楽父、亡命ウクライナ人指揮者の生涯』を参照していただきたい。戦後の関西クラシック界に君臨した朝比奈隆が彼に師事するために東京から京大に進学したこともその筋では知られている。

服部は、四年間にわたって、毎週メッテルの神戸の自宅に通い、和声学、管弦楽法、指揮法などを学ぶことになる。メッテルはペテルブルク音楽院の出身で、ロシア国民楽派の

BKが常任指揮者として招聘した亡命ウクライナ人のエマニュエル・メッテル。服部は4年間、毎週メッテルの自宅に通って和声の訓練を受けた。B

リムスキー＝コルサコフの強い影響を受けていた。その訓練は、専らコルサコフの『和声学実習』に準拠し、練習問題中心の「作曲というより実習」だった。「一つの例題にたくさんのハーモニーを付けろということを言われました。答えは一つだけではないということです」（『メッテル先生』）。歴史的には重要な技法である対位法（複数の旋律を組み合わせる作曲法）についても、メッテルはハーモニーの副産物とみなして重視していなかったといい、彼の教授法が、古典的な作品を分析・解釈するための理論ではなく、同時代の実践向きであったことがうかがえる。

官立の東京音楽学校に作曲部が設立されるのは一九三一年であり、それ以前には（おそらくはそれ以降も）西洋芸術音楽の慣習と約束事という意味での「理論」は、実際に新しい音楽を作るために教授されていたわけではなかった。その意味では、難解な古典の文章を読み解くことに特化した外国語教育に喩えることができる。

それに対してひとつの旋律に多くの和声づけを行うメッテルの指導は、むしろ限定された文法規則に基づいてさまざまな短い作文を繰り返し行うようなもので、文法に忠実に書く能力が鍛えられる。〝正しい〟和声進行に基づいて作曲するのではなく、あるいは思いついた旋律にアドホックに和声をつけるのでもなく、民謡や語り物を含むありとあらゆる旋律に対して的確かつ凝った和声づけができる服部の強みは、学校の理論教師ではなく実際の演奏を生業とするメッテルの訓練によって培われたといえる。

華やかなりし「道頓堀ジャズ」

もちろん服部の音楽性は「メッテル先生」にのみ負うものではない。和声の訓練を実際に活かす場が必要だ。それこそが「道頓堀ジャズ」だった。

先述のように服部は、自伝の中で、ジャズが生まれた一九世紀末のニューオーリンズの歓楽街ストーリーヴィルと大阪ミナミを重ね合わせる。

大正末のミナミと呼ばれる大阪道頓堀周辺の歓楽街の、酒場《カフェー》やダンスホールや町角にジャズが満ちあふれていた。

ミシシッピー川をジャズ・バンドを乗せて上り下りしたという絢爛《けんらん》たるショーボートこそなかったが、道頓堀川に浮かんだ粋な屋形船で熱演するジャズ・バンドの姿は見られた。

『河合ダンス』（日本バレーの草分けである河合幸七郎が主宰）という芸者のジャズ・バンドまでが絶大な人気を博していた当時のミナミである。若くて美しい芸者衆が、杉田良三という大阪ジャズの先駆者の指導よろしきを得て、三味線をサックスやクラリネット、シロフォンなどに持ち替え、待合やパーティーでジャズを演奏し、合わせてアクロバットやタップダンスを披露して大正デモクラシーの華《はな》と謳われたものだ。中でも、駒菊という絶世の美女がいて、その姿は今でもぼくの瞼に焼きついている。

河合ダンスは、宗右衛門町のお茶屋「河合」の主人が、店の芸妓を集めて作った洋楽と洋舞の団体で、設立は震災前の一九二一年だ。大阪及び東京の松竹座や、東京の帝国劇場など松竹系の実演にしばしば参加しており、駒菊はその看板スターだった。花柳界とジャズとバレエが、歓楽街という文脈において結びついている。

服部は、ジャズが大阪ミナミで興隆した理由として、外国船の音楽家による「本場」のジャズの紹介と、軍楽隊や私立の東洋音楽学校や少年音楽隊などで洋楽器を習得したプレイヤーが演奏するダンスホールの増加を「底流」としてあげる。そして震災によって、東京から大阪への「人と富と文化」の大移動が起こり、「歓楽への欲求が強まる」。その結果、「大阪人特有の商売気と義俠心」によって、東京から移住してきた演奏者たちを雇い入れ、また同じように移ってきた文化人たちを顧客に取り込もうと、「道頓堀周辺の食堂やカフェーが、こぞってバンドを入れ」、「ダンスホールも急激に増えた。需要と供給の原理というやつであろう」。この時期、カフェーからダンスホールへの転業も増え、一九二七年には、大阪市内のダンスホールは一五軒を数えるまでになる。

「道頓堀行進曲」

「この時代の大阪ジャズを『道頓堀ジャズ』と心の中で命名し、ぼく自身その渦中にあった当時の熱気を今もなつかしんでいる」と記す服部にとって、「その最高潮は『道頓堀行進曲』が道頓堀の映画と歌劇の殿堂・松竹座で上演された一九二八（昭和三）年の初夏だった」。

『道頓堀行進曲』は、その前年に駆け落ち事件を起こして話題になっていた映画女優の岡田嘉子と恋人の竹内良一に一座を組ませて企画したもので、カフェーの女給が子爵の妾に収まるが元の恋人と再会し事件を起こす、しかしそれらすべては夢だった、という筋書きの寸劇。岡田と竹内は前年のゴシップを明らかに想起させる役柄を演じている。服部は「小唄レビュー」としているが、当時の松竹座パンフレットに従えば「新劇」だった。いずれにせよ、洋画の幕間に上演される歌入りの短い現代劇ということだ。

初演は同年の一月だが、五月に再演されているので「初夏」はそちらのほうだろう。再演は予想外の好評だったことを示す。その後、道頓堀の枕詞となる、「赤い灯青い灯」で始まる主題歌は松竹座オーケストラのピアニスト・塩尻精八が作曲し、日比繁治郎が作詞した。歌詞の二番では「酔うてくだまきゃ　あばずれ女　澄まし顔すりゃ　カフェの女王」という露骨(当時の流行語でいう「エロ」)な文句も入っている。「岡田嘉子は芝居がはねると、あちこちのカフェーに特別出演しては(略)歌い、ときには客との大合唱になって浪花っ子を湧かせたものである」という。

この曲は、歌詞の録音権を保有したニットーレコードから、寸劇調などの多様な内容で発売されている。流行の六年後の一九三四年にも、当時ニットーレコードの東京支社と専属契約を結んでいた服部良一編曲による松島詩子盤が発売されており、この曲の流行の息の長さがわかる。日東ジャズバンドが演奏した一九二九年の内海一郎盤と、服部編曲盤を聴き比べると、ブルーノートを駆使し、各楽器と歌の掛け合いも見事に演出された服部の編曲の洗練に驚かされるが、内海一郎盤のほとんどでたらめのようだがなんとも不思議な勢いのある混沌とした演奏も魅力的だ。この二つの盤は、道頓堀ジャズの音楽的な幅の両極を示しているかもしれない。

ダンスホールの受難

しかし、「道頓堀行進曲」によって「道頓堀ジャズ」が頂点を迎えた一九二八年には、すでに、大阪の内外でその興隆に水を差す出来事が迫っていた。

ひとつは、昭和に入って以降、取締の強化によって大阪市内でのダンスホール営業が事実上不可能になってゆくことだ（詳細は永井良和『社交ダンスと日本人』を参照されたい）。

大阪から全国に普及したダンスホールは、「タクシー・ダンスホール」と呼ばれるもので、男女カップルのダンス客を受け入れるのではなく、店に女性ダンサーが所属し、男性客はダンス・チケットを購入し一曲ごとに女性にチケットを渡す、という営業形態だった。つまり、男性顧客に対して店の女性がサービスを提供するという点で、花柳界やカフェーとも通じる性格を持っていた。

この業態を日本に紹介したのは加藤兵次郎《ひょうじろう》で、函館の実家の呉服店をデパートに拡張するために一九一七年にアメリカを視察していた際にダンスに傾倒し、渡航目的をダンス研究に転じ、その後ヨーロッパも訪れている。一九二〇年に帰国後、すでにダンスができるバーとして知られていた難波の「コテージ」にタクシー・ダンスホールのノウハウを伝えたことで、この業態が一気に普及する。バンドマンのみならず、商業的ダンスホールの経営方法自体が震災を契機に大阪にもたらされたのだ。加藤はその後、千日前の「ユニオン」や「宝塚会館」（こちらはいかにも宝塚らしく家族連れや同伴客向けの高級な社交場を目指した）の経営に参画する（永井良和『にっぽんダンス物語「交際術」の輸入者たち』）。

関東大震災後、道頓堀周辺のダンスホールは急激に人気を高めたが、西洋音楽に合わせて客の男性と店の女性が密着して踊ることへの道徳的な嫌悪感もあり、常に警察の取締の対象となっていた。カフェーやバーでのダンスは禁じられ、またダンスホールでの飲酒も禁じられた。アメリカにおけるジャズの発展に欠かせない、飲酒と社交とダンスと演奏が渾然一体となった実演の場は、法的な規制によって生まれえなかった。「外から中を見通せない」ことが営業許可の基準となり、道頓堀の橋や船の上からダンスが見える魅惑的な光景も消えた。

大阪市内での本格的な営業禁止に至る大きなきっかけは大正天皇の崩御だった。一二月二五日、市中では、崩御を報じる号外が撒《ま》かれていた。崩御から六日間は「廃朝」として一切の歌舞音曲が禁止され、映画館や劇場も休業を命じられたが、それを知らずに営業していたダンスホールでは通常営業が行われ、人々がクリスマスパーティに興じていた。大阪でも東京でも、警官に踏み込まれ、客たちは警察署に連行され事情聴取を受けた。

「廃朝」を過ぎ、二月の大喪の礼が終わるとダンスホールは通常営業に戻ったが、三月二四日「遊技場営業取締規則」(府令第二六号)が交付され、即日施行となる。これはほとんど遵守不可能な建築要件を設定し、また芸妓と同様にダンサーの鑑札登録と鑑札の携行を義務付けるものだった。規則に合わせて改装するなどして営業を続けた店もあったが、取締は強化され、一九二七年一二月二六日までには大阪市内の全ホールが営業停止となる。

フィリピン人プレイヤーと磨いたアドリブ演奏

ただし、ダンスホールは、県境を越えて、兵庫県尼崎の阪神国道沿いに中心を移す。「大阪に近く、自動車が走り、地価が安く、付近が静かといった条件が揃い、この地域にダンスホールが集中した」(『社交ダンスと日本人』)。そのほか兵庫県の西宮、神戸、奈良県の生駒、京都市内(桂会館・東山会館・京阪)、滋賀の大津などにもホールが作られた。大阪市内の歓楽街を離れ郊外に大規模なホールを建設したことで、関西のダンス界はむしろ活況を呈した。

服部も阪神間のダンスホールで腕を磨いている。西宮ダンスホールのバンドマスターを

1932年、「リョウイチ・ハットリ・アンド・ヒズ・マニラ・レッド・ハット・ストンパーズ」のメンバーと。フィリピン人ミュージシャンの即興演奏は日本のジャズ・ミュージシャンに大いに刺激を与えた。B

1930年、BKの放送でジャズを演奏するために服部が編成した「N.S.ジャズバンド」。「N.S.」の意味するところは……。B

経て、尼崎のキング・ダンスホールで、ピアニストの菊地博のバンドにサックスで入る。このとき菊地に請われて和声を教え始める。これがきっかけとなって、メッテルが服部に教えた内容を、服部が仲間のバンドマンに教える、という回路ができる。菊地が東京に移った後は、バンドリーダーを引き継ぎ、フィリピン人プレイヤーを集めて「リョウイチ・ハットリ・アンド・ヒズ・マニラ・レッド・ハット・ストンパーズ」という「寿限無《じゅげむ》ばりに長い」名前のバンドを結成する。当時のフィリピン人プレイヤーは、ジャズの実演方法を日本にもたらす重要な窓口だった。アメリカ統治下のフィリピンで腕を磨いた彼らは、楽譜やレコードや映画からは知りえない即興演奏のやり方を体得していた。

服部は、彼らについて「楽譜には弱いが、音感と演奏テクニックはすばらしい」と評し、「日本のジャズメンの育ての親」とする。服部は、そこで「思い切り自分の編曲をためし」、メンバーから「ぼくたちのハーモニーと同じだ。アメリカのミュージシャンにも負けないよ」という評価を得たという(『ぼくの音楽人生』)。一方で服部も、フィリピン人ミュージシャンたちからアドリブ演奏のノウハウを得たことは想像に難くない。

また、この頃服部はラジオ放送でもジャズを演奏している。仲間のジャズメンを誘い、放送用に「N.S.ジャズバンド」と名付けている。局内では、「ニュー・サウンド」の略だと称していたが、実際は、「内職」からとったものだった。こうした諧謔のセンスも、服部の音楽性の重要な一部だ。

阪神国道沿いのダンスホールやラジオによって、ダンス文化やそこで演奏されるダンス音楽としてのジャズは、むしろ一定の自立性を持つに至ったと評価できるかもしれない。それでも、ダンスホールの街中からの排除によって、道頓堀の雑多で猥雑な社交の場から生まれた新たな音が、分断され、郊外のホールに囲い込まれてしまったのではないかという疑念は拭えない。この分断は、レコード制作方法の変化を通じてさらに強まってゆくのだが、それについては章を改めて論ずることとしよう。

第三章　レコード・ラジオと「国民歌謡」

「実演」から「複製」へ

本章では、服部が作曲家・編曲家として頭角を現してゆく道筋を辿りつつ、服部が上京する契機ともなった外資系レコードの興隆と、「国民歌謡」の母胎となったラジオ放送についてついてみていきたい。

「道頓堀行進曲」によって「道頓堀ジャズ」が頂点に達した一九二八（昭和三）年は、ダンスホールの大阪市内からの放逐に加え、この曲を生み出した新たな実演文化から音楽が切り離される端緒となる年でもあった。つまり、ビクター、コロムビア、ポリドールという外資系レコード会社の進出による、大衆向け歌謡のレコードへの囲い込みである。

これにも関東大震災が関わっている。一九二四（大正一三）年の復興税制によって、レコードと蓄音機が奢侈品とされ、一〇〇％の輸入関税が課せられた。それを受けて一九二七年五月、これまで輸入業に携わってきた阿南商会がドイツのポリドールと、老舗の日本蓄音器商会（日蓄）が英国（のち米国も）のコロムビアと資本提携し、日本ポリドールと日本コロムビアが設立される。同年九月には、米国のビクターが投資して日本ビクターを設立する。輸入した原盤を国内でプレスし、蓄音機も国内工場で組み立てることで、関税を回避することが主な狙いだった。

大正天皇の喪が明け昭和天皇が即位した翌一九二八年から、ビクターとコロムビアが日本制作の大衆歌謡レコードを発売し始める（ポリドールはやや遅れて一九三〇年、石田一松の「酋長の娘」が最初）。このとき、一九二五年頃にアメリカで実用化されたマイクロフォンを用いた電気録音の技術も導入されている。

一九二八年には、アメリカのポピュラーソングに日本語歌詞を付け、ジャズ・バンドが演奏する「青空」（A面）と「アラビヤの唄」（B面）が、どちらも浅草オペラ出身の二村定《ふたむらてい》一《いち》と天野喜久代の歌唱でコロムビアから発売される。これは、ＡＫ（東京放送局）に勤務していた音楽評論家の堀内敬三が自ら訳詞しラジオで紹介して好評を得た曲だった。アメリカ留学帰りの堀内には、芸術音楽一辺倒だったＡＫの洋楽放送に、やや大衆的な要素を導入することが期待されていた。続いて同じ二曲を、二村定一が単独で歌い日本ビクター・ジャズ・バンドが伴奏したレコードがビクターから発売される。コロムビア盤とビクター盤はともに、これまでにない売れ行きを記録した。「青空」は世界的に流行した曲（My Blue Heaven）だが、「アラビヤの唄」は日本以外では録音された形跡のないもので、堀内が輸入楽譜の中から偶然発見した曲だった。

ビクターは「青空」と「アラビヤの唄」の成功を受けて、翌一九二九年、同じ歌手と同じバンドで、編曲も似た雰囲気の国産楽曲「君恋し」を発売しこれもヒットする。これは浅草オペラ出身の佐々《さっさ》紅華《こうか》の既発表曲の編曲版だった。そして、こうしたジャズ・バンド伴奏に歌がのった国産楽曲の成功を決定づけたのが同年の「東京行進曲」だった。これは、菊池寛が雑誌『キング』に連載していた小説の映画化に際して作られた新曲で、作曲は中山晋平、作詞は西條八十だった。ヒットを目論んで新たに企画されたジャズ・バンド伴奏の有節歌曲(同じ旋律で歌詞を繰り返す形式)という点では、「東京行進曲」こそがその後「流行歌」という種目名で定着するレコード会社製の大衆歌謡の雛形となった。

「行進曲」は当時頻出したキーワードとはいえ、前年の「道頓堀行進曲」、あるいは歌詞を東京向けに替えた「浅草行進曲」を念頭に置いていることは疑いない。エロティシズムを喚起しながら都市の消費的なモダン文化を礼賛する点も同じだ。「道頓堀行進曲」も、岡田嘉子の起用の経緯からもわかるようにあからさまな商業主義の産物ではある。しかし松竹座の実演で評判を取り、主演女優が劇場近くのカフェーで歌い人々が唱和することで、いわば口伝えで流行していった「道頓堀行進曲」に対して、「東京行進曲」ははじめからレコード会社と映画会社と出版社がヒットを目論んで制作したものである点は大きく異なる。

たしかに、大都市の盛り場の一部でしか接することができなかった本格的なジャズ・バンドの演奏や歌が、マイクロフォンを用いた、これまでとは比べ物にならない高音質のレコードによって、より広い層に届いたことの利点は認めなければいけない。しかし、道頓堀周辺で、劇場やカフェーやダンスホールや花柳界を巻き込む形で形成されていた新たな和洋折衷的な実演文化（つまり「道頓堀ジャズ」）の模造品とはいわぬまでも類似品が、東京のレコード会社内の専門家集団によって制作され、商品として大規模に流通し大きな売上を得るというあり方は、どう贔屓《ひいき》目に見てもフェアではない。

専属制度の「輸入」

歌手のみならず、ソングライターと独占契約することで楽曲の権利自体もレコード会社のものとする専属制度が、日本ビクターで確立したことは偶然ではないように思える。現時点ではまだ確証はないのだが、私自身の仮説を述べさせてほしい。それは、米国のビクターが、南米やアメリカ南部などの未開拓マーケットに進出する際に採用した方法を、日本にも適用したのではないか、ということだ。

一九二〇年代後半、当時ビクターと契約していた伝説的なレコード・プロデューサー、ラルフ・ピアーは、メキシコやアメリカ南部のマーケットを開拓していた。彼は、地元で支持される独自のスタイルの音楽に目をつけて録音するだけでなく、ローカルな独自スタイルでありながら、「新作」と主張できる程度には既存楽曲と異なる要素を持つ新曲を現地音楽家に積極的に作らせて録音した。

あきらかに大阪の大ヒット曲「道頓堀行進曲」のバッタモン、もとい、同曲を想起させるが、歌詞も曲も新作である「東京行進曲」のあり方は、これに酷似している。

そしてピアーは、楽曲の権利を彼に長期間貸与または売却する契約を新曲の作者と結び、楽曲から発生する諸利益を独占的に管理した。これは、レコード産業以前から商業的大衆音楽を楽譜として出版する権利を管理していた音楽出版社の影響力が及ばない市場で、レコード会社の利益を最大化するものだった。現地の音楽文化から生じる経済的利益を独占するという点で、きわめて植民地主義的なやり方といえる。

とはいえ、外資参入直前の一九二六年に、当時ほかならぬ大阪で活動していた演歌師の鳥取春陽が作家及び演者として日蓄傘下のオリエントと専属契約を結んでいた事例は存在する(ただし、春陽は自作自演家であり、また他のレーベルでもかなり仕事をしている)ため、日本におけるソングライターと楽曲の専属制度が、英米企業による植民地主義的な市場開拓戦略の一〇〇%の産物であるとまでは言い切れない。しかし、結果としてはレコード会社がローカルな大衆歌謡の制作を独占することになったことは事実であり、一九二〇年代後半という時期的な符合もあり、あながち的外れではないと考えている(この発想は、アメリカ南部における「白人音楽」と「黒人音楽」の分離について論じた、Karl Hagstrom Miller, *Segregating Sound* に負っている)。

タイヘイレコードでの雌伏

こうして、ジャズ・バンドの伴奏による娯楽的歌謡が外資系レコード会社の主導で作られるようになってゆく中で、それまでは基本的に「流行った演目を録音する」という形でレコードを作っていたニットーやタイヘイをはじめとする関西のレコード会社も対応を迫られることになる。服部良一のレコード界との接触は、その流れで始まる。

服部良一は、一九三一年にダンスホールとラジオの仕事の傍ら、兵庫県西宮に本社があったタイヘイレコードと専属契約を結ぶ。東京の外資系レコード会社が生み出した新種目である「ジャズ・ソング」や「流行歌」(ジャズ・バンド伴奏の大衆向け新作歌謡)を、タイヘイでも制作するための要員だったようだ。ただし、歌手やソングライターの多くはすでに「メジャー」と目されていた外資系レコード会社に囲い込まれており、「マイナー」レーベルとなったタイヘイでの仕事に服部は不満を募らせていた。

外資系参入以降のビクター独走の後、一躍流行歌界のスター作曲家となったのはコロムビアの古賀政男だった。彼の「酒は涙か溜息か」と「私此頃憂鬱よ」をあからさまに模倣した「酒は涙よ溜息よ」「私此頃幸福よ」なる曲を作るよう指示され屈辱を感じたエピソードが服部の自伝に記されている。「古賀メロディ」以降のレコード会社製大衆歌謡は、「青空」「アラビヤの唄」や「君恋し」のような「歌入りのジャズ・バンド演奏」から離れ、短い旋律と簡素な伴奏で特徴づけられるものになってゆき、「流行歌」という呼称が定着してゆく。国道沿いのダンスホールでメッテル由来の和声とフィリピン由来のアドリブの融合を日々行っている服部にとって、古賀メロディ以降の流行歌は音楽的に単調で通俗的すぎると感じられただろう。

また、専属歌手が少ない（そもそもそのような制度が存在しない頃からレコード制作を行っている）タイヘイでは、メジャーの専属歌手やソングライターの「内職」の下請けのような仕事もしばしばやらされていた。他社の専属歌手や作曲家の変名での録音が成立すること自体、レコードを前提とした流行歌が、聴覚的要素以外を持たず、実演における統合的な身体性を欠いた、「音はすれども姿は見えず」という表現形式であったことを物語っている。

「大大阪時代」の終焉

一九三三年、ついに服部は東京移住を決意する。タイヘイレコードでの仕事の不満、ダンスホールでの演奏のマンネリ化、恋愛関係のもつれ、メッテルの上海《シャンハイ》渡航（喘息《ぜんそく》治療のため）、といった要因が重なったが、何より、東京から大阪を訪れたタンゴ・バンドのドラマー兼歌手だったディック・ミネに「東京に出てこいよ、今はなんたって、ジャズの中心は東京へ移っちゃっていますヨ。才能をのばすのなら、こんなところにいちゃいけねえ」(『ぼくの音楽人生』)と言われたことが頭に残っていたという。

ディック・ミネは一九三四年に「ダイナ」のヒットでレコード歌手としてのキャリアを始めるが、この時点ではダンス・バンドの演奏者であり、彼の言葉は、レコード界での成功を念頭に置いたものではなかったろう。震災からの復興の過程で、ダンスホールやカフェーも東京や横浜で増加しており、大阪から移ってきた店や演奏者も少なくなかった。

服部の東京移住の前年、一九三二年には、町村合併により「大東京」が成立し、東京市は大阪を凌ぐ日本一の大都市となっていた。同年には満洲国も成立し、「帝国日本」の威信を背景に「帝都」たる東京への一極集中が進んでゆく。

服部の東京行きも東京一極集中の帰結といえるのだが、その一方で、東京の娯楽的な大衆文化自体が「大阪文化の東漸」ともいうべき側面を持っていた。

大阪毎日新聞記者の下田将美《まさみ》が一九三〇年に著した『東京と大阪』には、「関西文化の東漸」という章が含まれており(「関西文化」といいながら、基本的には大阪に限定している)、近年の代表例として円タクとダンスホールを挙げている。

下田は近世以来の歴史に基づき、江戸=東京は政治の中心地であり、消費地であるのに対し、大阪は経済の中心地であり、生産地にして貨物集散地であるとする。江戸=東京が

「理想が勝ち、学者的であり、高遠なものをねらった精神的な方面に優れて」いるが、「大阪はどこまでも現実主義」で、「物質万能の思想が勝っている」。しかしそれゆえに「大阪の文化はどこまでも民衆的であった」という。また、大阪の「町人階級の文化とはこれを云いかえれば民衆の文化」であり「今日の言葉で云う大衆の文化なるものは実に大阪に於て最もよく発達して」いると主張する。自営業者を中心とする「町人」はブルジョア階級であり、「民衆」や「大衆」と単純に同一視できるものではないがそれはひとまず措こう。そして、近年の大阪文化の東漸は、「関東の大震災を転機として東京大阪の富の程度が大分著しい差異が出来るようになってきたことと、もう一つは近年の民衆を第一とする思想が、全国的になって来て、当然の結果として東京も亦大阪のこれまで実行して来た道を追うようになって来た」ためとする。念のため付け加えておけば、「著しい差異が出来るようになって」とは、大阪の優位がさらに強まった、ということだ。

社会全体としての東京一極集中と帝国主義への傾きと、大衆文化における大阪の影響はもちろん相互に関わっており、大衆文化が大阪的であるからといって帝国のナショナリズムから自由であるはずもない。大阪的な「実利」としてナショナリズムと帝国主義への加担を選ぶ、ということは十分ありうるし実際あった。しかしながら、社会の支配的な動向が、人々の日常的な文化と振る舞いの隅々まで浸透していると考えるのもまたエリートの思い上がりだろう。夢見がちとのそしりは免れないにせよ、私自身は、大阪の大衆文化、とりわけ実演と結びつく領域での混沌や雑然を、帝国のナショナリズムとはひとまず別の次元で（それに「抗する」ものだったとまではいえないまでも）捉えていきたいと考えている。

「新民謡」でスタートした東京でのキャリア

服部は、宝塚に入団した妹の富子にだけ東京に移る計画を相談し、賛成されたことにも励まされ、阪神国道のキング・ダンスホール時代の仲間で人形町のダンスホール・ユニオンのバンドマスターになっていた菊地博を頼って八月二六日、東京へ出発する。服部がサックス奏者として月給一二〇円の職を得た人形町のユニオンは、難波のカフェー（規制前はダンスホールだった）、ユニオンの東京店で、これも「大阪文化の東漸」の一例だ。

服部は、菊地宅の二階に住み、家賃の代わりに再び和声を教える。これが仲間のミュージシャンにも広まり、勉強会はついにはメンバー三〇人を超す「響友会」となる。

ダンスホールでの演奏の傍ら、服部はポリドールのオーディションを受ける。しかし「君、もう少し流行歌の勉強をしたまえ」（『ぼくの音楽人生』）と文芸部長の鈴木幾三郎に言われ、あえなく不合格となっている。オーディションの当日は、服部の作風とは対照的な新橋喜代三の「鹿児島おはら節」の録音が行われていたことが自伝に記され、服部の作風と対照されている。芸者歌手による新民謡ブームは一九三二年の小唄勝太郎「島の娘」が火付け役となり、服部が上京した一九三三年夏には同じく勝太郎の「東京音頭」が空前の人気を呼んでいた。

とはいえ、服部が東京でレコード会社の仕事を得るきっかけもこの新民謡ブームだった。「東京音頭」の爆発的流行を受けて、翌年、レコード会社各社が「さくら音頭」と題した曲を売り出した。同一曲の競作ではなく、各社それぞれが同題の曲を制作した。そこで、東京スタジオを完成させたばかりの大阪のニットーレコードも参画することになり、同社の作曲者として服部を指名したのだ。これももちろん大阪の人脈だ。そこで服部は「音頭」ではなく「おけさ」を提案し受け容れられる。浅草の芸妓・美ち奴のデビュー曲となった「さくらおけさ」は好評を博し、晴れて服部はニットーの東京スタジオの音楽監督に迎えられる。二〇〇円の専属料に、編曲や作曲ごとに報酬が加わるが、印税契約ではなかった。

「さくらおけさ」は典型的な新民謡スタイルの楽曲だが、拍子木（クラベス）のような打楽器と三味線の絡みが面白い。一拍と三拍の強拍の前に裏拍のアクセントが入るドラムも利いている。服部の曲として聴くせいもあるかもしれないが、一般的な芸者歌手の新民謡と比べて、西洋的ダンス音楽の反復リズムの気持ちよさが前面に出ているように思える。

ニットーでは、流行歌の作編曲を中心としながらも、洋楽レーベルのクリスタルでかなり斬新な仕事をしている。前述の松島詩子版「道頓堀行進曲」もそのひとつだ。二〇〇八年、復刻コンピレーションCDが発売されたのでぜひ聴いていただきたい。

コロムビア入社、そして結婚

新民謡の作編曲や、ジャズバンドの実演で培った音楽的素養を発揮して新機軸を打ち出しながらも、外資系レーベルに比べて販売力に大きく劣るニットーでの活動に、服部は限界を感じ始めていた。そんな折、一九三五年夏にコロムビアの招聘を受ける。日本の対外関係が悪化し、外資が引き上げる中、コロムビアの経営陣はまだ米英人で占められていた。イギリス人のエドワード文芸部長によれば、同社の看板だった古賀政男が大阪に本社を置く新興レコード会社テイチクに重役待遇で引き抜かれたことと、コロムビアにはいわゆる「二世歌手」と称された日系アメリカ人歌手を中心にジャズ歌手が多いことが服部を招く理由だった。服部はすでにダンスホールでそれらの歌手のための編曲を経験していた。服部はニットーとの契約が満了する翌年二月に入社を約す。金銭的にはニットーのほうがよかったが、コロムビアの制作環境に惹かれたという。

服部はニットーとコロムビア双方から前借りし、同年一二月に帝国ホテルで妻・万里子と結婚式を挙げている。響友会のメンバーが参加した盛大な音楽結婚式だった。万里子は、美ち奴との縁で服部が「待合遊び」に耽っていた頃、ある待合で見かけた「いかにも素人の娘らしい清純な女性」で、神田の唐物屋（洋品店）の娘だった。

淡谷のり子の「ブルース」

コロムビアに入社して作曲した最初のレコードは、一九三六年二月発売の淡谷のり子「おしゃれ娘」だった。淡谷は東洋音楽学校（東京音楽大学の前身）卒業で、没落した実家（青森の豪商）の家計を支えるために心ならずも流行歌手に転身した。タイヘイ時代の服部がバッタモンを作ることを強要された「私此頃憂鬱よ」が最初のヒットとなる。後述するように、彼女が歌った一九三七年の「別れのブルース」によって、服部は流行歌ソングライターとしての地歩を確立し、その後流行歌（及びその後の「演歌」）の一スタイルとしての日本的「ブルース」の系譜が紡がれることになる。

「正統な」歌唱技術を身につけていると自負する淡谷は、在来の歌舞音曲で育った「ほぼ独学」の笠置とは対照的で、戦後には、笠置を批判することになる。その後はいわゆる「演歌」の批判者としても知られる。在来の音楽（音曲）性に光を当てようとする立場の本書は、いうまでもなく笠置の側に与《くみ》しているやや脱線するが、淡谷のり子は一九三二年に、大阪の享楽的なモダン文化を主題とする歌を、第一章に登場したバートン・クレーンの相方として吹き込んでいる。奇しくもそのタイトルは、のちに笠置の「買物ブギー」の決め台詞となる「よういわんわ」。「ナンセンス小唄」という種目名が盤に記されている。大阪のカフェーでの見聞をおもしろおかしく伝えるクレーンに相槌を打つカフェーの女給が淡谷の役回りだ。遊び好きの英語話者が大阪で楽しんで帰り、聞きかじりの大阪言葉を女給相手に連発する、という趣向だ。作詞はクレーンによるもの（作曲は井田一郎）。「しばらくあなたが大阪へ行っててらしたのでとてもつまらなかったわ」「よういわんわ」という台詞の掛け合いで始まり、途中には、「なぜあなた大阪へいらしたの？　なにか大事なわけがあったんでしょう？」「しかしだね、とっても良いところ大阪は。そしてみんな音楽を持っています」「そうですか、あなたが大阪へいらしてたとき、一番流行の歌はなんでしたでしょう？」というやりとりに続けて、「酒は涙か溜息か」の替え歌が挿入される。曰く「商売は涙か溜息か」。享楽と歌と商売の街、という大阪のステレオタイプがこれでもかと強調されている。淡谷自身が乗り気だったとは到底思えないが、素人くさいカタコト日本語歌唱のクレーンとのバランスが面白い。ベルカントが苦手な耳には（言ってもうた）、声を張らない分聴きやすく感じる。

ラジオが主導した「国民歌謡」

コロムビア入社後の服部はヒットに恵まれず、一九三七年の「別れのブルース」「山寺の和尚さん」まで苦闘する——、というのが定番の伝記的記述で、流行歌ソングライターとしてみた場合にはそれで間違いはない。しかし、レコード以外での活動にも目を転じると少し違った様子がみえてくる。

「別れのブルース」リリースからさかのぼること約一年、一九三六年六月一日、日本放送協会は番組「国民歌謡」を開始する。放送局が主導して作った歌を、毎日決まった時間に放送することで広く定着させようとするものだ。その後のラジオ歌謡や「みんなのうた」、あるいは民放の「ホームソング」につながってゆく。その背景には、「低俗で退廃的な」レコード会社製の流行歌とは異なる、「健全な」大衆向け歌曲を創造する、という意図があった。服部は、その第一回、奥田良三が歌った「日本よい国」を作曲している。作詞は大阪出身の歌人で、東海林太郎「野崎小唄」の作詞家でもある今中楓渓《いまなかふうけい》だ。この企画は、JOBKの文芸課長で当時局内にきわめて大きな影響力を持っていた奥屋熊郎《おくやくまお》が主導したもので、放送開始はBKの放送記念日だった。これも国家主義的な方向での「大阪文化の東漸」といえるかもしれない。

制作者の側から「国民歌謡」の目的を明確に語った奥屋熊郎「『国民歌謡』の創造運動」

BK主導で始まった「国民歌謡」運動。第1回放送の「日本よい国」は服部が作曲した。放送当日の新聞記事より。B

（『放送』一九三六年七月号。近年『日本大衆文化論アンソロジー』に収められた）の概略を紹介しよう。

一九三六年三月にＪＯＢＫで「新歌謡曲創造運動について」という趣意書が発表される。そこで示された目標は、

（一）歌詞も楽曲も清新、健康、在来の大多数の流行歌を席捲した頽廃的気分から離れること

（二）家庭でも高らかに、明朗に、又は感激して歌い得る歌曲であること

（三）時代人の感覚と共鳴する愉悦な歌曲であること。そして慾をいえば生活の疲労や懊悩に浸透する消極的な慰楽にとどめず、明日の生活創造へ働きかける積極的な慰楽分子を努めて多く含むこと

以上三点だ。この運動を興すこと自体が「レコード流行歌の超刺戟的な歌曲濫造に順応して著しく猥雑、低劣、頽

廃的な方向へひた押しに押流されつつある大衆の『流行歌嗜好の傾向』を少しずつでも是正してゆくという意義」を持つとも述べられる。

この「新歌謡曲」はBKから四月二九日と五月一七日にそれぞれ八曲と五曲の新作が放送された。その後、六月一日から「国民歌謡」と改称され、毎日放送されるようになる。「新歌謡曲」の語は、レコード流行歌を「歌謡曲」と呼ぶ現状に即して、「それらとは異った使命なり目標なりを持つところの全国民的な新しい流行歌、新しい民謡」を創り出すための名称が必要だという問題意識から考案されたものだ。

「酒場の歌謡曲」を「国民の歌謡曲」に

「新歌謡曲」が「国民歌謡」と改称され、それが特別番組ではなく帯番組となったことについて奥屋は次のように記す。

> 将来レコード流行歌の歌曲構成の形態なり精神なりが、我等の提唱するものに次第に接近して来るような時代にでもなれば「新歌謡曲」の「新」の表示などは自から抹殺してラジオもレコードも相携えて明朗な「歌謡曲」樹立へ邁進すべきだ――要するに「新」の一字は、酒場の歌謡曲を国民の歌謡曲にしてしまうまでの過渡時代の暫定

表示を意味するものにほかならぬ――と見ていたこととて、私は『決して新歌謡曲の名称を固執するものでない。良い名称があれば変えて貰って結構である。例えば国民歌謡とされてもよい……』旨を提言した。（傍点は原文）

奥屋の言葉は、当時のレコード会社製の流行歌と放送の関係をこの上なくはっきりと示し、その背景のもとでの「流行歌」と「歌謡曲」の含意の異同についても明確に語られている点できわめて重要である。

また、これが現在まで続く放送主導の大衆歌謡制作の端緒となったことも興味深い。現在の各種「国民的」または「グローバル」なメディア・イベントに際してのＮＨＫのテーマソング設定や、あるいはＮＨＫ音楽コンクールにおける合唱課題曲の近年の急激なＪ－ＰＯＰ化といった事例は、奥屋の理念が実現したものとも解釈できる。放送と大衆歌謡の関係を歴史的に理解する上でも、その端緒にＢＫの大衆向けパターナリズム（啓蒙的おせっかい）があり、その第一回放送曲の作曲者が、ＢＫの常連であり、当時東京での活動を始めたばかりの服部良一であったことは見逃せない。この話題は、本書がＮＨＫ出版で刊行されるからこそ触れておきたい。

記念すべき第一回国民歌謡とはいえ、服部の曲は、少なくとも『放送』や新聞に掲載された旋律を見る限りヨナ抜き長音階の凡庸なもので、付点のリズムは翌年に「国民歌謡」として放送された「愛国行進曲」に少し似ている。当時の標準的な「清新、健康」、「家庭的でも高らかに、明朗に、又は感激して」歌える曲調を意識したのだろう。

民謡のジャズ化

ところで服部良一は、自身の仕事に関連する記事を詳細にスクラップブックに収めている。スクラップは一九三五年から始まっており、先の「『国民歌謡』の創造運動」もそこから引用した。以降の時代については、随時服部良一スクラップブックからも参照してゆく。出典をたどりきれないものもあるがご容赦いただきたい。

スクラップブックを見ると、満洲事変五周年の記念日(一九三六年九月一八日)にも服部作曲の国民歌謡「祖国の柱」が放送されている。

また、一九三六年一〇月三〇日という日付とともに「俚謡《りよう》や流行歌をジャズ化」という見出しの新聞記事が貼られている。これはBKの大阪桃谷発のラジオ番組について書かれたものだ。「大阪ラジオオーケストラ」の演奏で「指揮並編作曲服部良一」となっている。午後〇時五分からの放送なので、昼休みの慰安番組だ。冒頭にニットー時代の「流線型ジャズ」が演奏されている後は「箱根八里」「木曽のなかのりさん」「奴さん」「鹿児島小原良節」など、よく知られた曲のジャズ編曲が中心だ。「日本在来の民謡を取材としてジャズに編曲したもの、日本人が洋服を着て生活しながらも日本的精神を発揚させる事が出来るならば日本の民謡をジャズの形式で書いて見ても何かそこに一脈の日本的情緒が流れているのではないかしら」という服部の抱負も掲載されている。

同時期には、民謡のジャズ編曲「草津ジャズ」のレコードが発売されており、一〇月の「追分」編曲レコードを好意的に評する記事もスクラップされていた。民謡のジャズ化は服部の独創というよりも、民謡を基盤に「国民的」かつ西洋音楽の基準で「高級な」音楽を生み出すという放送局の方針とも親和的だったようだ。

翌一九三七年二月一四日には、「第二回俚謡ラプソディ」が放送され、川路柳紅作、深井史郎作曲の「江差追分」に続いて、服部は二曲目に放送された「草津節」を作曲・指揮している（大木惇夫作）。この「草津節」は「草津ジャズ」とは異なり、「明るい南国の地方色や南方情緒」を強調した「ハワイ独特のジャズ」を用いたものだったようだ。ハワイ音楽を「ハワイ独特のジャズ」とする言い方からも当時の「ジャズ」という用語の幅広さがわかる。

同年五月には見出しに「服部良一氏編曲の国民歌謡集」と大書された放送案内が見える（東京日日新聞五月六日）。「日本よい国」を含む九曲を松原操が歌っている。この記事と隣接して「俚謡ラプソディ」第三回（服部は参加していない）の好意的な批評もスクラップされており、民謡のジャズ化に寄せる服部の関心の高さをうかがわせる。

民謡とジャズの奇跡的融合

つまり、「別れのブルース」の大ヒット以前の服部は、主にラジオにおいて、国民歌謡や民謡といった、放送局（とりわけＢＫ）の観点から「正しい」大衆的旋律を自在に編曲・指揮できる音楽家として重宝されていたように見受けられる。

七月発売の「別れのブルース」に先立つ五月の「山寺の和尚さん」は、放送局向けの「健全な」俚謡志向と、ダンスホール由来のジャズの要素が奇跡的な高次元で結びついた楽曲のように思える。都節の三音（移動ドでいえばラ、ファ、ミ）と田舎節（ラ、ソ、ミ）を自在に接続させることで、西洋的調性から自然に外れるきわめて日本的な旋律を、機能和声の枠内で合理的に処理するアプローチは見事というほかない。猫好きのみなさんには大変申し訳ないが、近代日本の歴史的名曲のひとつとして許していただきたい。

「山寺の和尚さん」では、思い切ってリズム本位にし、ジャズ調に徹した。しかし、それだけではヒットしなかっただろう。題材に誰でも知っている日本民謡の手まりうたを取り上げたことがよかったのだと考える。つまりジャズはジャズでも日本のジャズを目ざしたことが成功につながったのだろう。(『ぼくの音楽人生』)

先の「ハワイ独特のジャズ」の用法に鑑みれば、「ジャズはジャズでも日本のジャズ」と服部がいうときの「ジャズ」は、特定の音楽的特徴を備えたアメリカ音楽というよりも、その影響を一定程度受けながらも、ある社会集団や土地と結びついた特徴的な要素を合わせ持つ現代的で大衆的な音楽を指すものとして考えられる。服部良一の「日本のジャズ」の概念については、私の師である細川周平が詳細に論じているので屋上屋を架すには及ばない(『近代日本の音楽百年』第四巻第一部第三章「ジャズ民謡」や、論文「『日本的ジャズ』をめぐって」を参照されたい。後者は無償でダウンロードできる)。ここでは、細川の決定的な総括を引用するに留める。

近代音楽としてのジャズという考えはクラシック界で共有されていたが、そこに「国民楽派」的な発想を組み入れ、日本らしさを肯定したのが服部の考えだった。一九世紀にはドイツ音楽が世界基準となって各国に国民楽派が生まれたように、二〇世紀にはアメリカ音楽を世界基準として各国に国民的ジャズが生まれつつある。重要なのはそれが作曲家の頭からではなく、下層民の生活から生まれてきた民謡を根に持っていることである。

「日本のブルース」

服部が希求した「日本のジャズ」が定着したかは疑問の余地があるが、「別れのブルース」の大ヒットを嚆矢《こうし》とする（その前にコロムビア・ジャズ・バンドのトランペッターだった日系アメリカ人で森山良子の父、森山久に歌わせた「霧の十字路」が発売されているが）「日本のブルース」は現在までの流行歌史に脈々と受け継がれている。

服部は、当時文芸部長の個人秘書としてコロムビアで「うろうろしていた」詩人の藤浦洸と意気投合し、「日本のブルース」を作ろうと試みる。服部の自伝では、（服部）「ブルースは、なにも、ウィリアム・ハンディの『セントルイス・ブルース』のように黒人の専売ではないと思うんだ。日本には日本のブルース、東洋的なブルースが大いにありうると思わないかい」（藤浦）「そうだよ、君、ブルースは魂のすすり泣きなんだ。黒人も白人も、アメリカ人も日本人も区別はないよ。むしろ、悲しい歌が好きな日本人はブルース的なんじゃないかな。君はジャズの出身だし、ここでもう一歩つっこんだ日本人のブルースを完成したまえ」という熱いやり取りがあったと記すが、藤浦の回想では、「どういうところから出た話であったか、まったく忘れてしまったが、服部良一と私とで『ブルースを作ればきっと日本でうける』ということになった。曲、リズム、それにブルースの歌詞は、むしろ日本人的であるというのである」（『なつめろの人々』）といささかそっけない。

服部は、横浜・本牧《ほんもく》の「チャブ屋」（私娼窟）で淡谷のり子が日本語で歌うダミアのシャンソン「黒い日曜日 Sombre Dimanche」のレコードが流れてきたことから曲想を得る。藤浦に幾ばくかの軍資金を渡し、本牧のチャブ屋に向かわせる。さらに服部は、かねて愛読していたW・C・ハンディの『ブルース』という本を渡す（*Blues: An Anthology* だろうか）。

藤浦は「ブルースの小節の数や長さを、ちゃんと勘定して」六行の詩を見せ、服部も大いに気に入り作曲する。このときのタイトルは「本牧ブルース」だった。着想の経緯もあり、かねて服部が高く評価していた淡谷のり子が歌うことになったが、歌い出しの音が低すぎてソプラノの音域から外れているとして渋られる。それに対して服部は「ブルースはソプラノもアルトもないんだ。魂の声なんだ。マイクにぐっと近づいて、無理でもこの音域で歌ってもらいたい」と強弁したという。録音後、社内試聴会では不評で、「ブルース」や「本牧」の語が一般的でないのに加え、頽廃的な曲調が「時局」にそぐわないとする意見もあった。一九三七年七月発売なので、会議は七月七日の盧溝橋事件による日中開戦の直前だったろう。

結局、「別れのブルース」とすることで発売が認められる。「ブルース」の語に反対する営業担当者に対して、服部が「人間の心の奥底の歌声」であるブルースの歴史や真髄について演説をぶつ一幕もあったという。「魂の声」や「人間の心の奥底の歌声」という評言が、当時本当に使われたのかはわからないが、服部や藤浦の回想を読み、音を聴く限り、彼らはいわゆる「ブルース進行」と呼ばれる一二小節の和声進行や、ブルーノートといわれる独特の音遣いよりも、三行を基本単位とする詩型や物憂い雰囲気、そして比較的ゆったりとした三連のリズムを指して「ブルース」と捉えていたようだ。

こうしたブルース理解が「正しい」かどうか、さらにいえば「日本のブルース」が「真のブルース」か否かは問うに及ばない。大和田俊之の『アメリカ音楽史　ミンストレル・ショウ、ブルースからヒップホップまで』によれば、ブルースといえば一二小節のスリーコードでブルーノートを多用したギター伴奏で歌われる南部の民俗的黒人音楽、という「本質規定」は、むしろ戦後の左派的なフォーク・リヴァイヴァル運動で確立、ロック以降定着したものだという。一九二〇年代以降、黒人向けのレコード制作が本格化しているが、それ以前の主流的音楽産業の中で捉えられた、あるいは南部の黒人のコミュニティの中で実践されていた「ブルース」はかなり曖昧なものだった。服部の理解が、同時代のアメリカと同程度だったとはいえないまでも（一〇年ぐらいは時間差がありそうな気がする）、現在の音楽的常識を一九三〇年代の曲に当てはめて「日本のブルースはブルースではない」と否定する必要はない。

満洲からのヒット

「別れのブルース」は発売後、しばらくはヒットせず、当時の満洲から人気が出た。服部は、大連《だいれん》のダンスホールで演奏していた南里文雄から、この曲のリクエストが多いことを知らせる手紙を受け取る。藤浦も、満洲を旅行中の作家・浜本浩から流行を知らせる葉書を受け取っている。さらに、満洲慰問帰りの「漫画集団」の漫画家たちが満州での流行について伝えるべく、コロムビアの宣伝部に押しかけてきた。「外地」からのヒットが、日中戦争という大きな背景の中で、おそらくは戦地慰問とも結びつく形で展開していったことは見逃せない。「漫画集団」はのちに、「東京ブギウギ」や「買い物ブギー」の流行に一役買うことになる。

一躍人気作曲家となった服部は、一九三八年三月、東京日日新聞の中国戦線への芸術慰問に加わる。作曲家の派遣は計画に含まれておらず、サックス奏者として強引に同行したという。各地で将兵の詞に曲を作り好評を博し、帰国後は交響組曲『中支の印象』を作曲しＢＫで放送している。杭州では、西湖にボートを浮かべ、のちに「蘇州夜曲」となるメロディを即興で吹いた。

慰問から帰った東京駅で、服部を待つ人物がいた。その人物、当時の楽壇で有力なマネージャーで、戦中には上海やハルビンでも活動する原善一郎は新たに発足する松竹楽劇団に服部を招聘し、その足で拠点となる帝国劇場に連れて行く。

というところで、ようやく服部と笠置が出会う準備が整った。世紀のコンビ誕生の顛末は次章で詳しくみていこう。

第四章　スウィングのクイーン&キング
〜松竹楽劇団時代

「日本のジャズ」としての「スウィング」

一九三八（昭和一三）年四月、松竹は、当時傘下に収めていた帝国劇場を拠点に、男女混成の「大人のレヴュー」を標榜する松竹楽劇団（SGD）を旗揚げし、そこで笠置と服部は出会う。それは運命的な出来事であったといってもいいすぎではないだろう。私自身の結論を先取りすると、服部の「日本のジャズ」を舞台で表現する上で、最もふさわしい表現者は、戦前戦後を通じて笠置シヅ子にほかならなかった。そしてそれは戦前の日本のジャズ文化の最高峰であると同時に、「道頓堀ジャズ」とともに成長した関西の興行資本が、東京で本格的に展開した成果でもあった。

とはいえ、当時の実演の音や映像が残っているわけではなく、笠置が歌った数曲の服部良一によるオリジナル楽曲の録音を通じて想像することしかできない。それでも、戦前にレコード発売された数曲のうち、とりわけ「ラッパと娘」の超絶的な歌と演奏は、同時代の日本のどんな録音や映像をも凌駕する爆発的な躍動感に満ちていると感じる。そしてその躍動感は、録音のために作られた曲を楽譜に忠実に歌うのではなく、実演によって鍛え上げられた強靭な歌唱スタイルと、掛け合いを通じてバンドを乗りこなす特別な能力に基づいているように思える。笠置以上に実演で魅せる歌手が当時の日本に存在していなかったとは言い切れないにせよ、少なくとも、ステージに由来する自由闊達な音楽性が、一定水準の録音技術によって定着した稀有なケースであったことは間違いない。

特定の歌手の個性を念頭において舞台で演じられるために新作された国産楽曲は、映画やレコードを通じて知られた外国曲のカバー中心の日本のレヴュー界で異彩を放っていた。分業に基づいて作詞家が歌詞を書き別の作曲家が旋律をつけるレコード会社製の流行歌の特徴とも大きく異なっていた。服部がコロムビア専属の作曲家と松竹楽劇団の正指揮者を兼務していたことで、「姿なき声」として始まったレコード歌謡（流行歌）と、レヴューの実演という相異なる文脈が、「ウナギイヌ」よろしく接続されたのだ。

「ラッパと娘」を歌う笠置。A

服部が作詞作曲編曲のすべてを行った「ラッパと娘」は、一九三〇年代後半（昭和一〇年代）以降「スウィング」と総称された大編成のビッグ・バンドによるジャズ演奏の機微を余すところなく表現することに成功している（「スヰング」と表記するほうが気分だが、以下は新仮名遣いで統一する）。それを自在に歌うことで、笠置シヅ子は、当時「スウィングの女王」と称された。

笠置と服部の運命的な出会いの前に、その重要な背景となる「スウィング」について説明しておこう。音楽的には、大編成の管楽器セクションとリズム・セクションからなる「ビッグ・バンド」で演奏されるジャズ音楽を総称するもので、ベニー・グッドマンやデューク・エリントンなど、指揮者とソリストを兼ねるバンドリーダーがスターとなった。主にホテルのボールルームやキャバレーなど、ダンスのための（ダンスを伴う）場で演奏されたが、映画館やコンサートホールで着席の観客に向けても演奏された。しばしば専属歌手を含み、それまで別の文脈にあった大規模なジャズ・アンサンブルとポピュラー・ソング（とりわけバラード）が重なり合う契機ともなった。大編成バンドを統率するための楽譜を用いた編曲の技術と、楽譜に基づいて演奏するだけでなく緊密に構成された全体の中で割り当てられる個人のソロパートでの即興演奏の技術も要求された。

一九二〇年代の小編成の即興中心のジャズ演奏（「黒人的」とみなされた）と、書かれた楽譜に規定された「シンフォニック」なジャズ演奏（「白人的」とみなされた）の双方の要素を取り入れ、実際に人種混成のバンドも多かったスウィングは、個人と全体の、そして人種的な調和を象徴するものとして、大恐慌後のニューディール政策から第二次世界大戦に至るアメリカのナショナリズムとも親和的で、時代全体を象徴する語でもあった。

日本における「スウィング」については、アメリカでのように時代と社会全体を象徴する語になることはなく、レコードや映画を通じてアメリカ文化に憧れた一部の層に支持されるものに限られていたが、上演文化の中では一定の存在感を持った。戦前ジャズ研究の第一人者である瀬川昌久は、一九三六年から四一年までを日本のショー・ビジネスにおけるステージ・ショーの全盛期とし、「音楽的には日本のスイング・エラが到来し」たとする(『舶来音楽芸能史　ジャズで踊って』)。細川周平も、「ジャズからスウィングへ」の移行を、昭和一桁代から二桁代へのそれと重ね合わせている。彼は日米戦を「ハーフタイム」とみなし、戦後もスウィング時代が続いた(回帰した)と考えている。戦後日本のジャズ界で最も影響力があった雑誌が一九四七年創刊の『スイング・ジャーナル』だったことも、この見方を正当化している。

戦後の「後期スウィング時代」は、笠置・服部コンビの「ブギウギ時代」でもあり、連続するところは大きいが、完全に重なり合うわけではない。アメリカの影響を軸にした昭和一〇年代の日本の「スウィング」概念については細川の『近代日本の音楽百年』第四巻第三部「スウィングの時代」を参照されたい。その第二章は笠置シヅ子についてのもので、本章は細川の議論の圧倒的な影響を受けている。そもそも「ラッパと娘」を初めて聴いたのは、いまとなっては二〇年以上昔の東京工業大学・細川ゼミにおいてだった。いわゆる「懐メロ」とは全く違う、こんなグルーヴィな歌が戦前にあったのか、という衝撃は忘れられない。

「付けまつ毛」の女の子

さて、笠置と服部の出会いから話を始めよう。

服部の自伝には、松竹楽劇団の旗揚げ公演『スウィング・アルバム』のリハーサル時の笠置との出会いがきわめて印象的な筆致で描かれている。長くなるが引用しよう。

この混成チームの花形は、大阪の歌姫、笠置シヅ子ということであった。大変な前宣伝である。

（略）

ぼくは、どんなすばらしいプリマドンナかと期待に胸をふくらませた。

「あ、笠置クンが来ました。音楽の打ち合わせをしましょう」

担当者の声に、ぼくは、ごった返す稽古場のほうを見た。

薬びんをぶらさげ、トラホーム病みのように目をショボショボさせた小柄の女性がやってくる。裏町の子守女か出前持ちの女の子のようだ。まさか、これが大スターとは思えないので、ぼくはあらぬ方向へ期待の視線を泳がせていた。ところが、

「笠置シヅ子です。よろしゅう頼んまっせ」

と、目の前にきた、鉢巻で髪を引き詰めた下りまゆのショボショボ目が挨拶する。ぼくは驚き、すっかりまごついてしまった。

（略）

その夜おそく始まった舞台稽古では、思わず目を見張った。

『クイン・イザベラ』のジャズ・リズムにのって、タラッタ、と舞台の袖から飛び出してきた女の子は、昼間のトラホーム病みの子とは全く別人だった。三センチほどもある長い付けまつ毛の下の目はパッチリ輝き、ぼくが棒をふるオーケストラにぴたりと乗って、

「オドッレ、踊ッれ」

と掛け声を入れながら、激しく歌い踊る。その動きの派手さとスイング感は、他の少女歌劇出身の女の子たちとは別格の感で、なるほど、これが世間で騒いでいた歌手かと、納得した。

その日から、紙恭輔《かみきょうすけ》［当時のSGD正指揮者］は秋月恵美子のタップのファン、ぼくは

笠置シヅ子の付けまつ毛のファン、とはっきり分かれた。

ファンのぼくは、その後、『ラッパと娘』（村雨まさを詞）『センチメンタル・ダイナ』（野川香文《こうぶん》詞）『ホット・チャイナ』（服部竜太郎詞）など、彼女のためのオリジナル曲を次々に書いた。

松竹楽劇団の公演は、回を重ねるごとにジャーナリスト仲間でも評判になった。南部圭之助、双葉十三郎、野口久光といったうるさ方が笠置シヅ子にぞっこん参ってしまい、ＳＫＤの女王・水の江滝［ママ］子の外遊中は笠置シヅ子が帝都の人気を一人でさらった感があった。（『ぼくの音楽人生』）

庶民的な風貌で小柄な娘が、長い付けまつ毛をつけるや舞台で一変する姿が実に見事に描写されている。「スウィング」が公演タイトルに使われていることからも松竹楽劇団の目指す方向がうかがえる。ちなみに、ＳＧＤ設立とほぼ同時期に『スウィング・アルバム』というレコード集がビクターから発売されている。ベニー・グッドマン、トミー・ドーシー、ファッツ・ウォーラー、バニー・ベリガンの楽団の代表曲を集めたもので、有名なグッドマンの「シング・シング・シング」が含まれている。松竹はビクターではなくコロムビアと近かったため、会社ぐるみのタイアップではなかっただろう。

服部が言及する「クイン・イザベラ」はおそらく、キャブ・キャロウェイの演奏で知られるスウィング・ジャズの曲で、強力なリズムに乗せて、短い楽句（リフ）と各楽器のアドリブ・ソロが代わる代わる登場する。こうしたリズムと即興中心のスタイルは、ビッグ・バンド演奏のジャズ全般を示す「スウィング」の下位区分として「ホット」と呼ばれたスタイルで、メロディとハーモニー中心の「スウィート」なスタイルと対比された。「ホット」と「スウィート」の区別は概ね「黒人」と「白人」のスタイルの違いとしても認識されていた。笠置の演者としての特質を象徴的に示す、最高の出囃子といえる。ただし、この曲は器楽曲なので、掛け声はありうるにしても、実際に「激しく歌い踊」ったのは別の曲の可能性もある。

長い付けまつ毛の下に輝く瞳と情熱的なパフォーマンスは、服部をはじめ多くの「うるさ方」を魅了した。A

　笠置の自伝では、「私はクイーン・イサ［ママ］ベラみたいな恰好をして『踊れェ、歌えェ、リズムをつかめェ……』と、大阪以来の甲高い声でジャズを歌いました」となっている。「クイーン・イサベラみたいな格好」とはあまり想像がつかないが、ここは「クイーン・イザベラ」の曲にのって登場し、歌い踊る役、と理解しておきたい。器楽曲に歌詞を乗せたのかもしれないし、「リズムをつかめェ」という歌詞から想像(妄想)するに、もしかしたら、ジョージ・ガーシュインの「アイ・ガット・リズム」だったかもしれない。

服部の自伝での記述はきわめて印象的だが、実際のところ、服部と笠置の音楽的な師弟関係が本格的に始動し注目を集めるのは、紙恭輔が同年九月(瀬川昌久『ジャズで踊って』)に退団して服部が正指揮者となって以降だった。

服部良一先生は後に紙先生に代って棒を振られましたが、初期には作曲とアレンジに専念されていました。服部先生も大阪で苦学力行された方で、同郷人としてお頼りしたい気持もあったし近代音楽に鋭い才気を持っておられる方なので私淑していました。服部先生の方でも私の体当りの舞台に興味を感じられ、私の声と身体に適した曲を作って下さいましたし、歌い方なども熱心に指導して下さったので帝劇時代に現在の私の基礎を築くことが出来たのだと思っております。しかし、それも一年以上たってからのことで、最初は近づきたくってもチャンスがなく、お互いにむッつりしていました。(『歌う自画像』)

笠置が服部について、自身と同じく「大阪で苦学力行された方」と形容しているのは興味深い。そして重要なのは、服部が、笠置の「声と身体に適した曲を作」り、「歌い方なども熱心に指導」したということだ。演者の個性に合わせて曲を作ることは、広い意味での上演文化においては常識だが、この時期の少女歌劇やレヴューの多くが外国曲の翻案を中心にしていた中では異例のことだったという点は改めて強調しておきたい。

男女混成の大規模レヴュー「松竹楽劇団」

さて、ここで松竹楽劇団とは何かを改めて説明しておこう。最も端的にいえば、帝国劇場での洋画上映のアトラクションとして公演を行う、男女混成のレヴュー団である。

男女混成の大規模なレヴュー団という発想は、吉本興業が浅草花月劇場で一九三五年に開始した「吉本ショウ」や、東宝が一九三六年に新たに傘下に収めた日本劇場で結成した「日劇ダンシングチーム」に倣うものだった。この二つはどちらも、一九三四年に吉本興業が招聘して大成功を収めたアメリカのレヴュー団、マーカス・ショー（第五章で詳述）の日劇公演の影響によって始まった。

もうひとつ重要な文脈として、外国映画（とりわけアメリカ映画）の輸入禁止がある。一九三七年に日中戦争が始まり、総動員体制のもとで輸出入の不均衡を是正するための措置だった。当時の娯楽的な実演の最も大規模な舞台は映画館だった。これはアメリカでも事情は同じだ。ベニー・グッドマン楽団が一九三七年に伝説的なコンサートを行ったニューヨークのパラマウント劇場は、同名の映画会社の旗艦館だった。開館時には帝国の威信を背負った「高尚な」新劇や歌劇を上演していた帝国劇場も、この時期は松竹の経営下にあり、実演付きの洋画封切館として営業していた。トーキー映画を通じてアメリカをはじめとする欧米の音楽へのアクセスが都市の中間層を中心に増大していた中で、洋画の禁輸という緊急事態が襲来し、大規模な洋画専門館はプログラム不足に悩まされることになった。

加えて、ダンスホールへの取締がきびしさを増し、映画館や劇場でのアトラクションに転向するミュージシャンも増加していた。

これらの背景のもと、松竹は、帝国劇場での洋画上映のアトラクションとして松竹楽劇団を結成する。少女歌劇とは異なり男女混成とし、アメリカのミュージカル映画やレコードで親しんでいるスウィング・ジャズを音楽的な中心とする、という方針は、丸の内の帝劇に通う目の肥えた洋画ファン、つまり「大人の」客層をつかむためのものだった。

主要メンバーは東京の松竹少女歌劇団（ＳＳＫ）と大阪松竹少女歌劇団（ＯＳＳＫ）出身者

で、笠置は大阪松竹少女歌劇団から松竹楽劇団に移籍し、それに伴い東京に移住する。加えて、松竹は各界の重要人物を引き抜いた。

舞台上の目玉となる男性トップスターには、タップダンサーの中川三郎を据えた。中川は、ニューヨーク遊学から帰国後、破格の待遇で吉本ショウと契約し、一年契約の満了後、自分の団体を率いていた（第五章も参照のこと）。裏方では、正指揮者に、東京帝大出で新交響楽団のコントラバス奏者や、のちの東宝映画の前身のひとつであるPCLの映画音楽オーケストラ音楽部長の経歴を持つ紙恭輔を迎えた。紙は、アメリカ留学の経験を持ち、シンフォニック・ジャズを学びガーシュインの「ラプソディ・イン・ブルー」を日本初演している。叩き上げの服部とは対照的に、学歴エリート層の西洋芸術音楽への関心からシンフォニック・ジャズに向かった人物といえる。服部良一は、紙の希望で副指揮者に就任していた。さらに、演出家として帝劇創設時の役員でもあった男爵・益田太郎の五男・貞信を迎えた。益田太郎男爵は、三井物産創業者の益田孝の次男で、本業そっちのけで演劇に熱中した。益田太郎冠者の筆名で、のちの浅草オペラでも親しまれた「コロッケの唄」の作詞作曲や「おてくさん」の作詞を手がけてもいる。鳴り物入りでSGD入りした益田太郎冠者の息子の筆名は、益田次郎冠者だった。

歌と踊りとお笑いと――SGD設立宣言

松竹楽劇団の公演記録については、瀬川昌久の名著『ジャズで踊って』に詳細な記述がある。「薄命の松竹楽劇団」という節のタイトルが、この団体の活動を象徴している。一九三八年に鳴り物入りで設立されたSGDは、一九四〇年に帝劇の経営が松竹から東宝に移ったことで本拠地を失い、翌年はじめには活動を停止してしまう。以下、瀬川の記録を参考にしながら、なるべく当時の資料に基づいてこの「薄命」の団体と、そこで最初に花開いた笠置と服部のコンビの仕事についてみていこう。

松竹系の映画雑誌『スタア』の一九三八年五月上旬号には、「大人のレヴューへ　松竹楽劇団に物を訊く」という記事が掲載されている。編集長の南部圭之助が司会し、紙恭輔をはじめとする松竹側のスタッフ五人と批評家三人が参加した大規模なものだ。舞台に立つ演者としては唯一中川三郎が参加しており、彼がSGDのトップスターだったことがわかる。座談会の参加者は全員男性だが、OSSKのトップ男役、秋月恵美子の単独の写真が大きく掲げられ、その左下に中川三郎、天草美登里、荒木陽の三人が並ぶ写真が掲載されている。笠置シヅ子の写真は、記事の最終ページである三ページ目に掲載されており、かなり注目されてはいるものの、必ずしもトップではなかったことがわかる。

南部による趣旨説明では、「今度松竹少女歌劇が男の這入った所謂大人のレヴュー団、しかもそれは従来の小さなヴァリエテ〔曲技団〕好みのものでなく、近い将来にズィーグフエルド〔アメリカレヴュー界の大物プロデューサー〕、までは行かなくても、それに近く行きたいものだ、また行かせようと云う努力のもとに非常に大きな、そして高い希望をもって、一つの楽劇団を組織致しました」と宣言される。また、歌劇部長の大谷博（松竹の創業者・大谷竹次郎の婿養子）の希望として、「少女歌劇の成長した生徒を此方《こちら》に進出させる傍《かたわら》、この方面から将来映画にスタアを送り込もうと云う副産物的の企画もある」としており、少女歌劇の流れを映画と結びつけようとする松竹首脳陣の意向がうかがえる。座談会の中でも大谷は、批評家連が欧米の本格的レヴューのような単独公演を期待するのに対し、当面は単独公演は考えず、「とにかく我々としては最高級の洋画ファン、所謂帝劇の二階組に喜んで貰えるようなものを作り度《た》いものです」と強調している。

座談会での笠置への言及は、中川三郎の相手役は誰になるのか、という話題の中で、秋月恵美子の話に続けて、批評家の清水俊二が「この前来たトーチ・シンガーも来るんでしょう。あれ、使えますね」と水を向けたのに対し、振り付けの山口国敏が「笠置でしょう。来ますよ」と答えるに留まっている。とはいえ、前述のようにこのページには笠置の写真も掲載されており、一定の注目が集まっていたことはわかる。「トーチ・シンガー」は、心に灯火（トーチ）を灯すような感傷的なバラード歌手、という意味で、OSSK時代の笠置は、「ホット」なものより「スウィート」なバラードやブルース調の曲を歌う歌手と認識されていたのだろう。

続いて、批評家の伊藤龍雄が「男と女の喜劇チームを造るといいんですがね」と述べると、大谷は「笑いは必要ですね。アキレタ・ボーイズ［ママ］というのは偶然できたんですか？」「あれを丸の内にもって来たとしたらどんなものでしょう」と返している。あきれたぼういずは吉本ショウの新鋭で、SGDへの移籍の噂も流れていた。ただし、「あのままでは困りますね」（清水）、「要するに教養の問題で」（紙）と評され、司会の南部が「とに角丸ノ内では社会欄だけではいけない、学芸欄が加わったものでなければいかんですよ」とまとめている。笑いの要素が重視されていることを示す一方で、「教養」的な「丸ノ内」と浅草（吉本ショウの拠点は浅草花月）の差異も強調されている。歌と踊りと笑いの複合は、戦後の笠置のキャリアの核となるものだが、この時代に共有された方向でもあったこともうかがえる。

そしていよいよ初日、四月二八日には、読売新聞夕刊の下五段を使って、松竹洋画系（S・Y）の広告が掲載されている。右半分が大勝館・武蔵野館・渋谷駅前東京映画劇場での『新婚道中記』と『或る夜の出来事』の二本立て公開の広告で、左半分が、『新婚道中記』とSGD『スウィング・アルバム』の広告だ。

大きな文字で掲げられる『スウィング・アルバム』の上に小さく「ニュー・スタイル・ショウ」と記されている。その上部に「ショウと映画の帝劇」というキャッチフレーズが記される公演名の下には、「レヴューは高き芸術意慾のうちに、遂に大人の国へステップを入れました。青春高らかに鳴る五月のレヴュー」という惹句が見える。

この広告がありがたいのは、各劇場の入場料が記されていることだ。帝国劇場は、二等五五銭、一等七三銭、指定席一円五五銭(入場税別)となっている。武蔵野館は一、三階が五〇銭(他入場税五銭)、東京映画は各階税込五〇銭、特定席が税込一円なので、他の洋画二本立て劇場との価格差は決して大きくないことがわかる。

初回公演の評判は……

こうして鳴り物入りで発足した松竹楽劇団だが、その評判は必ずしも高くなかったようだ。

当時の批評を読むと、少女歌劇に間に合わせで男性が入っただけのもの、とする酷評が多い。批評家たちは洋画やレコードあるいは限られた洋行体験を通じて知って(想像して)いたアメリカ風の本格的なショーが、大松竹の潤沢な支援のもと、帝国劇場という一流の劇場で展開することを期待していた。にもかかわらず、実態は既存の少女歌劇からあまり変化がなく、洋画の添え物にすぎなかった。大きすぎた期待が裏切られたゆえの酷評だったのかもしれない。退団者が続出する運営方針も批判されたが、退団者の続出自体、看板と内実のギャップによるものだったとも思われる。

とはいえ、帝劇での観客が批評家たちと同じように見ていたとは限らない。このとき東京在住だった織田作之助の日記（没後、遺稿として『文学雑誌』に掲載）に、旗揚げ当日の四月二八日に松竹楽劇団を見に行った感想が記されている。

夕方、白崎〔礼三〕と帝劇へ行く。「スウィング・アルバム」非常によいショウである。笠置シヅ子のジャズソング、秋月美恵子のジャズとタップ、荒木陽と天草みどり、秋月のルンバトリオ、中川三郎のタップ、楽しく見られた。映画は「新婚道中記」傑作。科白がうまい。トリコロールでお茶をのみ、かえる。

オダサクは当時、『スタア』誌に大衆小説を寄稿する計画を持っていたが、ＳＧＤ公演の前日にあきらめている。その関係でＳＧＤに関心を持ったのかもしれないが、それだけが理由ではなく、公演自体を大いに気に入ったようだ。そのことは、翌々日の三〇日と五月六日にも同公演を観劇し、一二日には第二回公演『踊るリズム』にも足を運んでいるこ

松竹楽劇団時代の笠置。左は石上都、右が春野八重子。B

とからもわかる。その間、新宿ムーラン・ルージュを訪れ作家としての斡旋を頼むかたわら、しばしば墨東の遊郭にも足を運んでいる。絵に書いたような高等遊民である。もうちょっと働いてもバチは当たらんのじゃないかと思うが、『夫婦善哉』の作者に言うだけ野暮というものだ。過剰な意味づけは禁物にしても、オダサクが帝劇で松竹楽劇団の旗揚げ公演を見て大いに気に入ったこと、そしてその感想の筆頭に「笠置シヅ子のジャズソング」を挙げていることは、前章の「大阪文化の東漸」という観点からも面白い。

コンビ本格始動!

SGDにおける笠置と服部の台頭は、笠置が自伝に書いている通り旗揚げ後半年を過ぎ、益田、中川、紙といった当初の中心人物が抜けてからだったようだ。

服部についていえば、前年発売の「別れのブルース」の遅ればせのヒットを背景に、紙の脱退後ＳＧＤの正指揮者に就任したことも重なって、一九三八年一一月に帝劇で淡谷のり子や松平晃などコロムビア専属歌手を総動員した『踊るブルース』という公演を成功させている。「ブルース」といいながら、「浪曲ジャズ」「民謡ジャズ」「軍国ジャズ」といった景を含み、「友邦みやげ」として「南京みやげ」「日本大好き」「上海みやげ」なる曲が歌われている。前章でみた服部の「日本のジャズ」への志向と、それを後押しした時局があらわれている。同時上映は友邦ドイツの旧作『第九交響楽』だ。なお、「踊るブルース」公演には笠置は参加していない。

のちの時代の回想だが、瀬川昌久によれば、ＳＧＤは結成当初からの試行錯誤を経て、「さまざまな条件から服部良一を重用してオーケストラを前面に押し出したところ、服部の巧緻な編曲手腕が見事にものをいって、音楽を主にしたショー形式が成功し出した」。そして、一九三九年正月公演の『ミュージック・パレード』あたりから、「一つの方向を持つようになり、服部をリーダーとする音楽陣の活躍と、ショーの歌手として当代に比類ないピカ一、笠置シヅ子の成長によって」「音楽ショーの新しい魅力を加えるようになった」とする（『ジャズで踊って』）。

先に引いた服部の自伝では、笠置について「帝都の人気を一人でさらった」と書いているが、むしろ「一人気を吐いた」というべきだったのかもしれない。

笠置のご贔屓・東西番付

笠置への好評価は一九三九年春頃から目立ってくる。『スタア』五月上旬号には、「笠置シズ子さんとの七分間」というインタビュー記事が掲載されている。インタビュアーは「T・F」となっているが、『スタア』編集者の藤田多鶴子と思われる。同誌編集部とSGDのレッスン場が隣接しており、すでに親しい間柄だったことが言葉の端々からうかがわれる。笠置の言葉は全編大阪弁で記され、「笠置さんの大阪弁のエクスプレションを、そのままここに再現出来ないのが、何より残念で、若《も》しそれが出来たらこれだけの短い話も、どんなに面白くなるかしれないのに……」と結ばれている。

病気の母親と一緒に住むための家を持ちたい、という話題から「苦労人」の顔を示し、歌と踊りをどのように習得したのかが説明される。「歌を始めたのは、ここ四五年だっせ。OSSKはもともと踊りが主で芝居や歌は添物だって［ママ］しゃろ、あて等《ら》も踊りで育てられましたんね」とし、夭折したOSSKのスター、飛鳥明子に言及する。

歌については、松本四郎の名を挙げ、「あてがどうにか歌えるようになったのは、この先生のおかげだす。先生は、クラシック物なぞ、ひどく厳格でしたが、ジャズはパースナリティが第一や言やはって、勝手に歌わしてくれたもんです。他の先生についた時でも仕上げだけは此《こ》の先生がみてくれはりました」とする。このインタビューでは、服部の名前は一度も出てきていない。

「歌う時の振りというのかしら、動きは誰がおつけになるの?」という質問は、地の文で「笠置さんから、歌っている時の、あの体全体から滲み出る表情をとり去ったら、随分寂しいものになってしまうだろう」と補足される。笠置の答えは次の通り。

大体の振りは先生がつけてくれはりますが、あとは勝手です。けれど、いつも自分勝手にしてたら、どうしても動きやすい型にはまってしまいますやろう。この頃は、大阪にいた頃にくらべて、意識して動きを少くしておりまんね。手と顔に表情をつければ、それでいいように思うて来ましたんね。そう思うて来たら、もう動かれしまへん。もっとも、マーサ・レイみたいなものやったら、別の話だっしゃろが。

マーサ・レイは、大きな口を特徴とする白人歌手・コメディエンヌで、笠置とイメージが重なるところも多い。また、一九世紀のミンストレル・ショウ以来「ブラックフェイス」

と呼ばれる、白人俳優が黒塗りで誇張された「黒人」のステレオタイプを演じる役で、「ホット」な歌と踊りを披露する映画もある。次の質問の「歌はどんな物がお好き?」に対して、「大体スロウな物が好きだんね。ブルース、スロウ・トロットなぞ。だけどニグロ［ママ］的なホットな物も好きだっせ」と答えているのは、マーサ・レイのブラックフェイスからの連想も働いているかもしれない。ただ、それに続けて、「あては何でも欲ばりだんね。琵琶とお能は好かんけど、あとは浪花節、太棹《ふとざお》［義太夫節の異名］、何でも好きや」と日本の在来の芸種を挙げており、アメリカ一辺倒ではないことが強調される。中でも、宗教性の強い琵琶と武家の公式な芸能である能という、どちらも中世に確立した演目を名指しして「好かん」と切り捨てているところは面白い。笠置の趣味が、いわゆる「古典」というより近世以来連続する娯楽的な演目に傾いていることがわかる。

続く「お芝居よく御覧になるけど誰がご贔屓?」という質問でも、質問者が笠置の歌舞伎愛好を知っていることが示唆される。それに対しては「六代目、仁左衛門なぞ。あてら、観たい時何でも観るわけにいきまへんやろ、だからどうしても観る物が片よってつまりまへん」と答えている。この質問も答えも、松竹がまずもって歌舞伎興行の会社であることとも関連しているだろう。第一章でターキーを引いて触れたように、松竹少女歌劇の技芸員は時間があればいつでも歌舞伎を見ることができた。

興味深いのは、「歌手では、どんな方がお好き?」という質問への答えだ。「歌だけならコニイ・ボスウェルとリス・ゴーチ。アリス・フェイは歌う時の全体の感じが好きなので、映画なら絶対やけど、レコードだけなら、それほどでもありまへん」。コニー・ボズウェルはエラ・フィッツジェラルドにも多大な影響を与えた白人女性ジャズシンガーの草分けで、リス・ゴーティはシャンソン歌手。アリス・フェイは当時の代表的なミュージカル映画スターで、戦後、笠置は占領軍兵士から「日本のアリス・フェイ」と呼ばれたともいう。三人とも白人だが、比較的低音で、オペラ的な歌唱から程遠い。笠置が自分の個性との連続をはっきりと意識していることがわかる人選だが、加えて、「歌だけ」と「全体の感じ」の違い、つまりレコードと映画の差異を明確に意識していることもうかがわれる。

全体を通じて、洋画と洋楽の固有名詞を随所に散りばめながらも、いわゆる「コテコテ」の大阪弁とも相まって、随所に笠置の在来の芸能や音曲への趣味が語られるところが興味深い。

地声でなければスウィングしない

服部良一が笠置シヅ子のパフォーマンスに及ぼした重要な影響として、彼女の発声法を矯正したことがある。つまり、少女歌劇でも規範となっていた西洋芸術音楽に由来するべルカント唱法ではなく、日常的な話し声に近い「地声」で歌うよう指導したのだ。

そもそも笠置は、幼少時から日本舞踊を習っていたが、西洋式の声楽を正式に習得したことはなかった。第一章で触れたように、少女歌劇時代に、「いくら上手になっても踊りでは私は世に出られないと見切りをつけ」、意図的に声楽に転向しているが、「殆んど独学」だった。「だから発声法は悪いし、ただ無茶苦茶にカン高い声を出していたから、年中声をつぶして咽喉にホウタイを捲いていました」という。それに対して服部は、「この高い私の声を殺させ『地声で歌え』としきりに勧め」たという。それは、「スウィングは地声でなければいけないという先生の持論を試めす試験台」として、「マキシヌ・サリバン或いはマーサー・レイ張りのスウィング歌手」に仕立てるためだったとする。続けて、「もちろんこれは日本にだけ通じる話で、外国ではどんな系統の歌も地声では歌っていませんが、日本人の体力とか生活水準とか舞台機構などから割り出した筆法で、そのお筆先きをなぞってきた私はその意味で日本的なジャズ歌手というべきでしょう」と述べ、「地声」による発声を「日本的なジャズ」と結びつけている。

実際のところ、「外国」を西洋に限っても、ベルカント唱法は大会場で声を響かせるための特殊技術として発達したものであり、それ以外の発声で歌われるものは当然多く存在する。西洋芸術音楽の規範的な発声法から外れる多様な歌唱法は、とりわけ一九二〇年代

服部のレッスンを受ける笠置。B

以降、ラジオ技術や、それを応用したマイクロフォンを用いたレコード録音を通じて、新たなポピュラリティを獲得し、ローカルな（ときには「国民的な」）特徴として広く認められてゆく。大人数のスウィング・バンドを伴奏にソロ歌手が歌う、というパフォーマンス形態自体、マイクロフォンを用いた増幅によって初めて可能になるものだ。「スウィングは地声でなければならない」という服部の感覚は、在来の（「地」の）演奏スタイルや聴衆の感受性が、そうした技術的な革新に基づいて、新たに大衆音楽の中に取り込まれてゆく、という当時の世界で同時多発的に起こっていた変化を確実に捉えている（この視点はMichael Denning, *Noise Uprising* に示唆された）。

「ホット」なジャズ歌手・笠置シヅ子

評論家筋の笠置評価を決定づけたのは、一九三九年四月末から五月上旬までの公演『カレッジ・スウィング』での、「ホット」から「スウィート」への急激な展開をみせるパフォーマンスだったようだ。のちにみる、双葉十三郎による熱烈な賛辞「笠置シヅ子論」のみならず、『キネマ旬報』での野口久光による評でも称賛されている（一九三九年五月下旬号）。

「メークリズム」（服部良一作曲であろう）の物凄いホット調をあれだけにこなすひとは一寸ない。歌ばかりでなく笠置の巧みなエクスプレッションは、よい意味で日本人離れしたものだ。この唄は高調したところで、近頃マキシン・サリヴァンが歌ってあちらで流行ったブルース調の"Say It With Kiss"に続く。この転換も見事で、このセンチメンタルなバラードのニューアンスを可成り浮き出さしている。

その上で「兎に角、笠置シヅ子位、ミュジカルのエンタテイナーとしてのスピリットを持ったひとは一寸ない。大阪育ちであることにも依ろうが、舞台人としての気構えが違うのであろう」と称賛する。ちなみにマキシン・サリヴァンは黒人歌手としてエラ・フィッツジェラルドやサラ・ヴォーンに先駆けてステージや映画で活躍した人物だ。戦前の笠置に関する評では、当時「黒人的」という含意を持つ「ホット」の語は頻出したが、実際の黒人女性歌手の名が挙がることは必ずしも多くなかった。その中にあって、マキシン・サリヴァンの名が、センチメンタルなブルース調との関連で言及されているのも興味深い。

野口は「メイク・リズム」を「服部良一作曲であろう」としているが、イントロで「リズミックな短い楽句」を「Hey-Di-Hoy songで受けつ、渡しつする」と、キャブ・キャロウェイの代名詞的なスキャット（彼は「ハイディホー・マン」とも呼ばれた）が用いられていることから推測すると、彼の演奏シーンが一九三七年の映画『マンハッタン・メリー・ゴー・ラウンド』に含まれる「ママ、アイ・ウォナ・メイク・リズム」だろうか。少なくとも、刊行された服部の自作曲リストには含まれていない。野口は「服部良一氏が、いつもオリジナルの曲をいくつか書いているのは、非常にいいことだと思う」と公演評を結んでおり、彼が服部作とみなした曲を絶賛していることは重要だ。野口が外国曲に匹敵する楽曲を作れる作曲家として服部を認識し、笠置のパフォーマンスと服部の楽曲を既知の外国曲の知識だけに基づいて評価しているわけではないことを示しているからだ。

絶望を希望に変えた「スウィングの女王」

『スタア』一九三九年六月上旬号に掲載された双葉十三郎による長文の「笠置シヅ子論」は、戦前の「スウィングの女王」としての笠置の位置づけをはっきりと示す決定的な評論だ。前述の瀬川昌久『ジャズで踊って』でも全文が引用されている。

「凡《およ》そ、ショウ・ガアルとして、将《まさに》また、スウィング歌手として、当代、笠置シズ子に及ぶものはないであろう」と書き出し、「四月末から五月上旬にかけて上演された『カレッジ・スウィング』第六景に於ける彼女」をその根拠とする。「従来の公演では、色々な障害のため、充分に満足すべき成果を収め」られなかったが、「最近の作品では、完全なソロの舞台を得て、漸くに未だ充分でない点があるにしても、全面的にその実力を発揮したのである」とする。それによって、「あまねく我国の、我国第一のスウィンギーなショウ歌手としての地位を、揺がざるものとなし来《きた》った」のだ。

「今までの我国の歌手が容易に体得し得なかった」スウィングを備えた笠置の魅力はまず、「僕たちは、主にレコオドを通じて」知っていた多くのスウィング歌手、エラ・フィッツジェラルド、マキシン・サリヴァン、ミルドレッド・ベイリイ、リル・アームストロングを引き合いに出して語られる。そして、「これらのスウィング調なるものは、到底我国には求められぬものと、半ば絶望にも似た気持となっていた。が、笠置シヅ子は、この憂鬱を、希望と歓びに置き換えたのだ」。レコードを通じて憧れた洋楽の雰囲気を再現する、いわば洋楽通のお眼鏡にかなう日本の音楽家、というあり方は、その後あらゆるジャンルで繰り返されていくものであることはいうまでもない。

双葉は「彼女の声量と声質には、一驚に値するタフネスがある」として、『ミュージック・パレード』(大阪で前年一〇月、東京で一二月公演)での「セントルイス・ブルース」と、五月公演『カレッジ・スウィング』で歌われた「メイク・リズム」の「凄まじいホット・スタイルの場合に於ける盛り上りの圧倒的なる」を絶賛する。「メイク・リズム」に続くスローな「Say It With Kiss」(双葉は「接吻して話してよ」と表記)についても、「我国の普通の歌手が歌えば平凡な美しいだけの歌唱となってしまうものが、彼女に依って唄われると、自からスウィンギィな波が生れてスウィィート・スウィングの本当の味が出てくるのである。此処に、他の我国の歌手に容易に見出し得ぬ、笠置シズ子のスウィング歌手たり得た絶対的な素質がある」とする。

続いて双葉は笠置の「フィーリング」を、マーサ・レイの「調子の張り方」とアリス・フェイの「情趣」と「哀愁」になぞらえ、「まことにこれが我国の舞台に現実に演じられ得たものなのかと信じられぬほど、ひとを夢の如き情感に誘うのである」とする。

飄逸さとタフネスと

ここまではアメリカの演者を参照しての笠置賛といえる。次に「彼女の持って生れたもの」が評される。「たとえば先ずその小柄な体軀である。そのちっぽけなからだのこなしに依って、他の及び得ざる魅力を生む」、「次に又、その容貌も亦彼女をスウィング歌手たらしめている条件である。彼女の顔立ちや生々とした表情を見て、オペラやリイドが想い浮べられるだろうか」。彼女の小柄な体格や庶民的な容貌を、西洋由来の「高尚な」歌曲と切り離した上で、さらに「大阪弁の持つ一種独特の飄逸さを肉体化していること」を強調する。「彼女にとって、大阪的なものは非常な有利な条件なのであって、彼女が舞台の端にひょいと示すとぼけた味は、東京の人間には恐らく絶対に持ち得ないものであろう」。「これらのものが渾然と融合して笠置シヅ子のショウ・ガアルとしての輝やかしいパアスナリティを形作っているのである。正に天性のスウィング娘である」。笠置の「天性」は大阪の文化と強く結びつけられている。次章で述べるように、この時期の東京では、吉本興業によって、大阪発の漫才や、それも含む複合的なレヴュー文化が広く受け入れられていた。それに先立って、エンタツ・アチャコの漫才がラジオを通じて全国化していたことも見逃せない。笠置の「天性」を特徴づける「大阪弁の持つ飄逸さ」への肯定的なイメージは、この時期に新たに東京で形成されつつあったものであることも指摘しておきたい。

最後に、「彼女の舞台精神」つまり「ショウ・ステェジに対する逞ましき意慾であり、フロンティア・スピリットとでも称すべき、あくことなき努力の精神」が讃えられる。それも大阪と結びつけられていることは重要だ。

もう幾度か云ったことではあるが、僕はショウ芸術に対する大阪方の価値を大いに高く認める。火華を散らす商売という意識、肉体を以てその職業にぶつかっていく精神、それが、スティジ・ショウの様に、直接大衆と太刀打ちする芸術に於ても、本質的な条件となる。たとえば、松竹大阪組のロケット・ガアルスや秋月恵美子、蘆［ママ］原千津子等のスタア達が、徹底した雰囲気を身につけ、ひとを圧するものを持っているのは、そうした環境の下に、鍛えに鍛えられたからであると思う。笠置シヅ子の場合も同様で、若くして逝った飛鳥明子の如き努力と熱情の権化を眼前に範例として眺めながら、鍛錬され訓練されたことに依って、今日の礎《いしずえ》が築かれたのであってこれは、机の上の勉強とか生やさしい教養とかを以てしては、決して及び得ないものである。と、僕は信じている［。］同時に又、僕はこの種の芸術家にとって第一義的に必要なのは、智的であることではなくして本能的であることだと思う。そして、笠置シヅ子は最も本能的なのだ。

その上でこの見事な賛辞は、「僕は此処に、彼女が将来、より一層の努力に依って、現在の様に他との比較に於てではなく、絶対な意味に於て『スウィングの女王』となることを、我国ショウ芸術の発展のために、望んでやまない」と結ばれる。

「智的」ではなく「本能的」であることと、「大阪的」な商売への意識や肉体性を重ねることは、過剰なステレオタイプ化の危険があり手放しでは肯定できない。私自身としては、「智的」と「本能的」という二分法を超えた、「本能的」とみえるまでに肉体化された修練とそれを支える知性を笠置の中に読み取りたいところだ。いずれにせよ、双葉は単に「本場」であるアメリカを基準として評価するだけでなく、「ショウ芸術における大阪方の価値」を通じて「火華を散らす商売という意識、肉体を以てその職業にぶつかっていく精神」を称賛しているのだ。遠い遠い〝本場〟のお手本をなぞるのではなく、「直接大衆と太刀打ちする芸術」の核心を突く評言であることは間違いない。

服部の「スウィング丸」出航

野口や双葉が笠置を絶賛したことで、「スウィングの女王」への地歩を固めた四月末からの『カレッジ・スウィング』公演の直後、服部良一もさらなる大きな挑戦に乗り出す。

一九三九年五月一一日から、「服部良一とその楽団」による『松竹スウィング丸処女航海』と銘打って、普段はオーケストラ・ピットの伴奏楽団を舞台に上げての単独公演を行っている。浅草大勝館、横浜オデオン座、新宿武蔵野館での各一週間ずつの公演で、楽劇団の大阪公演に合わせての企画だった。大勝館のパンフレットには「ブルースの王者　待望の浅草進出！」という惹句が躍る。服部のスクラップブックに貼られた広告の煽り文句は次の通り。

「別れのブルース」により、フランス流行歌界に進出し、一躍世界的水準に登場せる、われらのホープ、「リョウイチ・ハットリ」・オールメンバー引き連れての世界スウィング行脚―別れのブルースを出帆に、全航路、港々に、高らかに響く、氏独特のニューアレンジによるお馴染の名曲の数々！

「フランス流行歌界に進出」というのは、歌手のリュシエンヌ・ボワイエが「別れのブルース」をパリに紹介し、録音も行うというニュースが話題になったことを指している。同時期には、テイチクを退社した古賀政男がアルゼンチンとアメリカを長く旅行して現地ラジオで「酒は涙か溜息か」など五曲が放送されたことも報じられており、日本の流行歌

「スウィング丸」という命名は、ジャズの生演奏を響かせながら道頓堀川を行き交う屋形船を想起させる。B

の海外での評価が国内の関心事となっていた。

バンドメンバー全員の名前が記され、服部と、ゲストのジャズ歌手・宮川はるみと楽劇団所属のクラシック系若手歌手・手塚久子の顔写真が配されている。右下に控えめに同時上映の『聖林ホテル』（『ハリウッド・ホテル』と表記）の広告が掲載されている。作品名よりも「スウィング丸の門出を祝しハリウッドのスクリーンより全米スウィングのＮｏ．１ベニイ　グッドマンとその楽団　応援演奏」という文字のほうが目立つ、気の利いた趣向になっている。この公演に関しては映画上映よりも実演がメインの扱いだったようだ。

全六景で、各景ごとに横浜、長崎、上海、ジャバ、印度と航海する構成は明らかに大東亜共栄圏を意識しているといえるが、最後は南海の孤島に漂着しており、「南進」を茶化しているとも解釈できる。しかし、各景で演奏される曲は、「シング・シング・シング」であり、「上海リル」やトミー・ドーシーの「ソング・オブ・インディア」のように、アメリカのエキゾチシズムに基づく東洋風の曲だった。アメリカニズムの一種としてのエキゾチシズムと大東亜共栄圏の微妙な関係が浮き彫りになる。加えて「軍艦マーチ」のスウィング編曲も演奏された。

『スウィング丸』公演の次のSGD帝劇公演『ホット・ミュージック』も、ある程度『スウィング丸』と曲目が重なっていたようだ。『スウィング丸』で歌われたノヴェルティ・ソング「ナガサキ」を笠置が歌っている。その次の六月公演『ジャズ・スタア』では、服部率いるバンドが楽劇団公演でもより中心的な役割を担うに至ったことがうかがえる。一九一一年にアメリカでヒットしたスタンダード曲「アレキサンダーズ・ラグタイム・バンド」以来の「ジャズの歴史の集大成」を狙ったこの公演では、従来よりも大きな舞台を組んで、オーケストラを一杯に飾り、この「オーケストラを中心に、歌手や踊り子を配する」という変則的な配置を行っている。

「ラッパと娘」の衝撃

そして七月公演『グリーン・シャドウ』でついに、服部良一作詞作曲の「ラッパと娘」が歌われる。まだ聴いたことがないという方は、いますぐインターネットに接続して何らかの形で録音を聴いてほしい。話はそれからだ。

「バドジズデジドダー」というスキャットが印象的な笠置の歌とトランペットの掛け合い、そしてシンプルながら見事にスウィングの勘所を押さえたバンドの演奏には、「誰でもみんなうかれだ」したことだろう。

特に、前半に二回繰り返される歌のパートを経て、後半からラストにかけて声の呼びかけに対してラッパに率いられたバンド全体が応答してゆく盛り上がりは実に「涙ぐましい」（この語は当時服部が多用していたもので、古代でいう「いとおかし」、現代でいう「ヤバい」や「エモい」のような多義性を含んでいる）。野川香文が言ったとされる「ジャズには名演はあるが名曲はない」という格言に従っていえば、掛け値なしの名曲、というより名演であると感じる。

非意味的な音を多く含む歌詞と、基本的なスウィングのリズムが保持される中、短いリフをリズミカルに繰り返しながら少しずつ変奏し、歌と楽器の応答や、バンド全体でのユニゾンや、ブレイクによるリズムの変化などで構成する楽曲は、アメリカ黒人音楽や当時のスウィングでは決して珍しくなく、先の「メイク・リズム」の可能性がある曲として紹介した「ママ、アイ・ウォナ・メイク・リズム」もそうだ。「スウィート」な旋律と和声の展開に基づくのではなく、反復リズムと基本的なフレーズの変奏を伴う繰り返しに基づく「ホット」でキャッチーなヴォーカル曲として、のちのジャンプ・ブルースと称されるスタイルにつながる音楽性を多く含んでいる。ジャンプ・ブルースはスウィングから派生したより小編成のスタイルで、のちのリズム・アンド・ブルースや、それを白人向きに呼び替えたロックンロールにつながる。前述のキャブ・キャロウェイはその先駆者のひとりとされる。ともあれ、「ラッパと娘」こそ日本最初にして最強のジャンプ・ブルース曲であると勝手に認定したい。「最強」については異論の余地はあるが、「最初」なのは間違いないだろう。

瀬川によれば、『グリーン・シャドウ』公演での丸高帽を被ったバンド・リーダーのトランペッター、斉藤広義《ひろよし》と笠置の掛け合いは、一九三七年のアメリカ映画『画家とモデル』におけるルイ・アームストロングとマーサ・レイの掛け合いのシーンを真似たものとしているが、映画の中で演じられる「パブリック・メロディ・ナンバー・ワン」もそうした丁々発止の掛け合いに基づく楽曲だ（ただし、具体的な音楽的特徴としてはそれほど似通ってはいない）。いずれにせよ、こうしたコール・アンド・レスポンスの形式と、声を楽器のように用いるスキャットをこれほど大々的に取り入れた日本製楽曲は、少なくとも録音された限りではこれ以前には見つからない。

「本当に自分の曲を理解して唄ってくれる人」

服部の自作曲が歌われることは、『スプリング・ゴーズ・ラウンド』での「散りゆく花」や、笠置ではないが『スウィング丸』での「別れのブルース」などそれまでもあったのだが、「ラッパと娘」があくまでも笠置の個性を念頭に、彼女が舞台で演じるために服部が作詞・作曲・編曲のすべてを行っていることは重要だ。

服部は当時、単に流行歌ソングライターとして多くの歌手に曲を提供するだけでなく、自分の音楽的着想を忠実かつ継続的に演じる歌手を求めていたようだ。一九三八年一二月一九日の都新聞では、前年に作曲した「別れのブルース」によって一躍人気作曲家となったこの一年を回顧し、次のように述べている。

僕は更に自分に専属の歌手が欲しいと思う、これは中々不可能だが、本当に自分の曲を理解して唄ってくれる人が欲しい、今のレコード歌手はまだまだ勉強しなければならない筈だ、来年は一つタンゴのようなものを作曲してみたい、それには所謂春や秋と言う四季は無視したものを作りたい、何処でも何時でも唄えるものを……そう言う意味で僕は此頃先に自分で曲を作り、自分の覘《ねら》ったヤマを作詞家に伝えて、その協力を仰ぐ方法をとっているのです

「タンゴのようなもの」と言っていることから、この時点での服部は笠置を念頭に置いて発言しているわけではないと思われる。一九三九年発売の服部のタンゴ系の曲では、R.Hatter 作曲、Vic Maxwell 楽団演奏の名義で「洋楽」を偽装して発売された霧島昇ほか「夢去りぬ」、中野忠晴「チャイナ・タンゴ」、淡谷のり子「夜のプラットホーム」がある。「夢去りぬ」は松竹少女歌劇団でも歌われたようだ。

笠置は音楽的には決して器用な万能選手ではないため、服部の幅広い音楽性を一人でカバーする存在というわけではない。ＳＧＤの舞台で服部の自作曲および既存曲の服部による編曲を歌う笠置は、スウィングバンドのリーダーとその専属歌手の位置づけに近い。服部の幅広い音楽性のうち、リズミカルで陽気で自由闊達でしばしばコミカルな、取り澄ました芸術音楽の呪縛を感じさせない庶民的な部分、もっといえば「大阪的」な部分に特化して表現する最高の演者が笠置だった。

実演重視の服部音楽

先の服部の発言で注目すべきは、「そう言う意味で僕は此頃先に自分で曲を作り、自分の晛ったヤマを作詞家に伝えて、その協力を仰ぐ方法をとっているのです」という部分だ。概ね一九七〇年代以降の若者向けのレコード歌謡で一般的になる、「曲先《きょくせん》」といわれる方法だが、当時は違った。服部が試みていた方法は、分業に基づいて、作詞家による作詞から始まり、それに別の作曲家が曲をつけ、多くの場合さらに別の編曲家が編曲をする(いわゆる「詞先」)レコード会社製の流行歌制作慣習からは逸脱するものだった。「別れのブルース」も、藤浦の歌詞が先に作られている。

分業で作られる流行歌の場合、前奏・間奏・後奏の間に、各連とも同じ長さの歌詞(ほとんどの場合七五調で書かれる)が、同じ旋律で二回または三回繰り返される、という定型的な構成となる。これは、いわゆるAABA形式といわれる、主なメロディ(A)を二回繰り返し、途中に雰囲気が変わる部分(B)を挟んでまた最初のメロディに戻る、という流れを一コーラスとし、この繰り返しを基本に楽曲を構成してゆく形式だ。全体の構成を予測可能なものにする一方、飽きさせない程度に楽曲の構成要素をなるべく減らし、制作過程の効率化を図る、という産業上の制約とも深く結びついて、アメリカの音楽産業で確立されていた。

この形式の楽曲はしばしば「ティン・パン・アレイ」スタイルと呼ばれるが、これは、ニューヨークの音楽出版社が立ち並ぶ通りの通称で、訳せば「錫鍋《すずなべ》横丁」となる。つまり、建ち並ぶアパートメントにこれまたずらりと並ぶアップライトピアノだけがある小さな事務所群の至るところで、作曲や曲の売り込みのための演奏が一日中行われていたことから、鍋を叩いたような音がけたたましく鳴り響く通りということだ。錫鍋横丁で量産される「規格化」された楽曲群は、大衆音楽批判を行ったことで知られる哲学者テオドール・アドルノの主要な攻撃対象でもあった。日本の流行歌における、七五調に基づく定型的な歌詞が最初に作られ、次に別の作曲家が旋律を付す制作スタイルは、分業に基づいて規格化された製品を量産する点で「日本型ティン・パン・アレイ」といえる。

「ラッパと娘」は、こうした「日本型ティン・パン・アレイ」の流行歌制作スタイルからは決して生まれえない。旋律に先立って「バドジズデジドダー」という音を思いつき、「バン」と「バンジ」を区別してそれぞれの回数を設定できる作詞家がいるだろうか。言葉というより、歌声とバンドとのコール・アンド・レスポンスを通じて歌と演奏が渾然一体となった魅力は、特定の演者の舞台のために作られたショー・ナンバーであることによって醸し出されている。

短い楽句（リフ）を応答に基づいて変奏してゆく音楽形式は、アメリカ黒人音楽（のみならず西アフリカ系の音楽とそこから派生した南北アメリカとカリブの音楽）における共通の特徴だ。服部が、それを意識して曲を作ったこともほぼ間違いないだろう。しかし、基本的な節を、掛け合いに基づいて変奏してゆくやり方は、浪花節や河内音頭など実演を前提とした演目では特に珍しいものではない。漫才の掛け合いが徐々に盛り上がってゆくあり方も同じだ。当意即妙で融通無礙なやりとりに基づく庶民的実演の機微を基調とし、最新流行のスウィング音楽を用いて一定の形式を与え、レヴューという舶来風の上演形式に落とし込んだことが笠置と服部の特徴といえる。

こうした表現は、口承性と即興性に基づく上演においては地球上のかなりの地域で共有されるもので、西洋近代音楽（および演劇）のように楽譜を遵守したり、「古典」として固定されたある種の日本の芸能のように教えられたことを教えられたとおりに再現することを偏重する上演文化のほうが例外的であると考えるべきだ。

もちろん、「詞先」と「曲先」のどちらが優れているか、とか、「詞先」では歌詞が、「曲先」では曲が、常により重要になる、とかいうことでもない。言葉が重要になる音楽的表現、たとえば一族の物語を語る西アフリカのグリオやコーランの教えを詠唱するパキスタンのカッワーリーでも、コール・アンド・レスポンスの要素は大いにあり、アメリカ黒人音楽のコール・アンド・レスポンスの直接的な影響元といえるアメリカ黒人教会のゴスペルでもいうまでもなく歌詞はきわめて重要だ。「ラッパと娘」の歌詞も実に単純なものではあるが、歌詞が重要でないということではない。人々をうかれさせ、踊り出させる「この歌」を讃える、という主題は、音楽行為自体の愉しみに触れる根源的なものともいえる。

「ラッパと娘」を分析すれば――スキャットとコール・アンド・レスポンス

実は、本書執筆のために、服部良一のいくつかの代表曲について服部家所蔵の楽譜を見る僥倖に恵まれた。スケッチと思われる譜面には、「TRUMPET AND GAL」という英語タイトルの下に「ラッパと娘」と書かれている(図4－1)。「GAL」というアメリカ黒人の口語的な綴りが用いられているのが面白い。服部の音楽的発想の源泉が推察できる。譜面は、歌とトランペットのソロのフレーズが書かれたメロディと、二段のピアノ譜の形で下段ベースライン上段に和音とオブリガート(助奏)が書かれた一般的な三段譜で記されている。

まず目を引かれたのは、メロディ譜の直下には全編アルファベットで「BADODIDUEDIDIDODA」といったオノマトペが書かれ、その下に日本語の歌詞が書かれていたことだ。つまり、スキャットの音とリズムに基づいて作られた旋律が先行し、それに日本

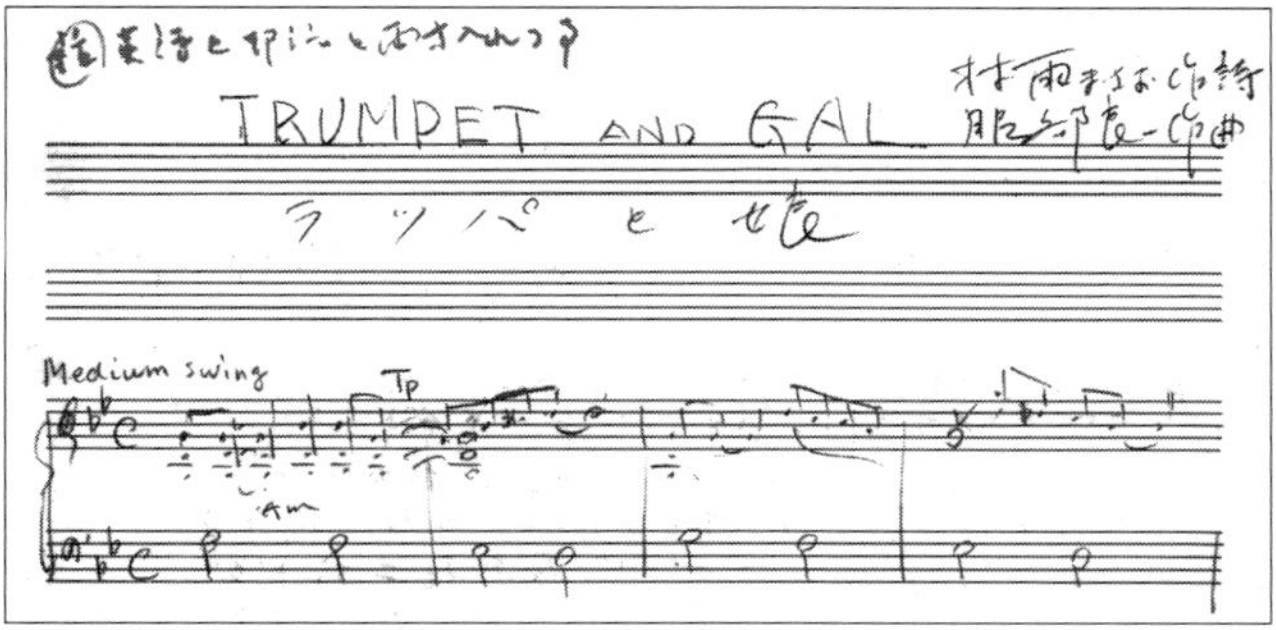

図4—1

語の詞を部分的にはめ込んでいったのだろう。楽譜の上には、丸で囲まれた「誰」の字と、「英語と邦語と両方入れる事」というメモが赤字で記されている。当初は誰かに英語と日本語が混じった歌詞を依頼するつもりだったのかもしれない。しかし結果的に服部自身が作詞もすることになり、英語歌唱が想定された部分のスキャットがそのまま歌われた、ということなのだろうか。

　この段階では、歌詞は録音されたものとは若干異なっている。一番大きな違いは、録音冒頭の「楽しいお方も　悲しいお方も　誰でも好きなその歌は　バドジズデジドダー」がないことだ。譜面では、「この歌歌えば」の連（録音では二回目の主旋律として歌われる）の後、すぐに「トランペット鳴らして」からの展開部分に移っている。つまり、冒頭をA、「トランペット鳴らして」をBとすれば、元の譜面ではABAだが、録音版では典型的なＡＡＢＡになっている。

そしてＢの後半、録音での「甘いメロディ　ラララララ」は「甘いメロディ　エディエディドダー」となっている。細川周平による見事な笠置シヅ子論（『近代日本の音楽百年』第四巻第三部第二章）では、歌い方を他のスキャット部分と変えて「舌先で軽く歌」い、「鼻音を少し混ぜ、柔軟なシンコペーション」を利かせた「ラララ」に注目し、「発声練習のような少女歌劇の『ラララ』」と対比している。服部のスケッチは、この「ラララ」が最初に楽譜を書いた時点での発想ではないことを示している。野口や双葉が絶賛した「ホット」から「スウィート」への急激な変化にも通じる笠置の巧みな歌唱表現を活かすための工夫といえ、これがどの時点で加わったのかはわからないが、リハーサルや本番の舞台を通じて、二人の間で練り上げられたものだろう。言葉ではなくスキャットでも、微妙なニュアンスの違いを表現しうる歌手への信頼があってこその「ラララ」なのだ。

このように、歌詞においては録音版と若干の異同があるこの譜面だが、印象的なトランペットのソロや、後半の掛け合いがほぼ完全な形で書き込まれているのには驚かされた。ソリストのアドリブや、バンドを交えてのリハーサルでコール・アンド・レスポンス部分を作っていったのではなく、服部の頭の中ではっきりと全体がイメージされていたことがわかる。

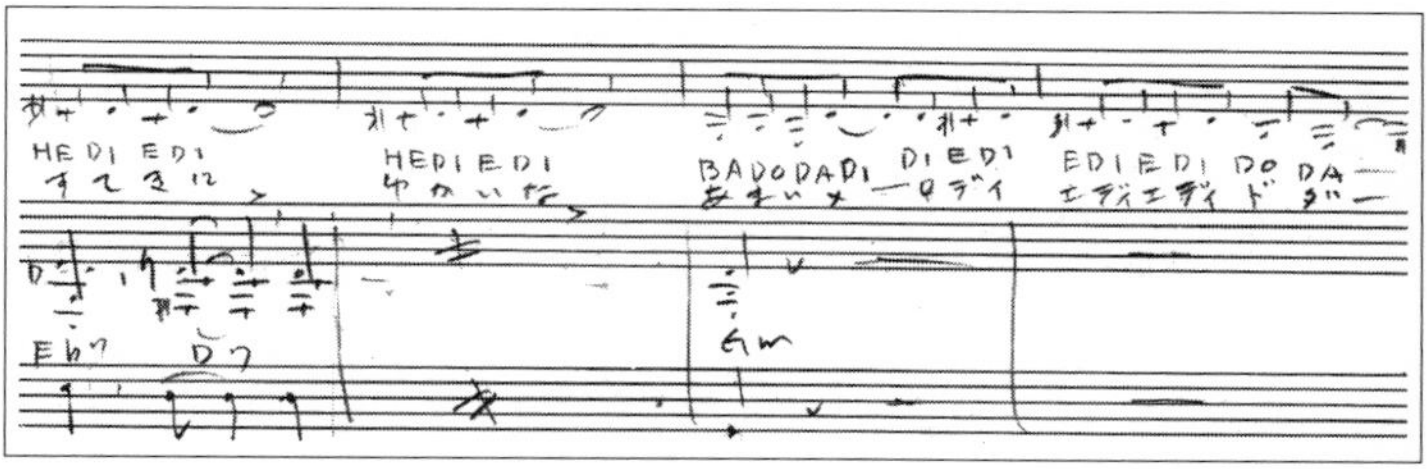

図4－2

ブルーノートと西洋近代和声の巧みな融合

服部が「ラッパと娘」の構想段階から全体の編曲をかなりはっきりとイメージしていたことは、歌とトランペットの旋律で強調される減五度のいわゆるブルーノート（譜曲のGマイナーのスケールでいえば♭D、ラを短調の主音とする移動ドでいえば♭ミ。ちなみに現存する録音のキーはAマイナー）の和声づけの周到な処理からもうかがわれる。

少しだけ専門的な説明になるので、ここからは興味のない人は斜め読みで構わない。「ラッパと娘」の和声は、デューク・エリントンの「スウィングしなけりゃ意味がない」などで用いられる短調の主音からベースが一音ずつ下がってゆく（GマイナーではG－F－♭E－D）常套的な進行が全体の基調をなし、後半はそこから逸脱してゆく。基本的な四音の下降の進行から外れてからも、旋律部で印象的なブルー・ノート（♭D）が強調される場合には多くの場合、構成音に同じ♭Dを持つ♭E7の和音を伴って用いられている。「素敵に　愉快な」や、「吹けトランペ

ット　調子を上げて」の後の「エヂエヂドダー」のくだりが特徴的だ。$E^{\flat}_7$が含む（Gと$D^{\flat}$）はA_7（A、$D^{\flat}$［$C^{\sharp}$］、E，G）と共通しており（いわゆる「裏コード」）、Gマイナーのドミナント・コードであるD_7に対するドミナント（ダブルドミナント）の代理和音として強い進行感が喚起される（図4－2）。ジャズやコードの慣習に親しんでいる人には初歩的なものではあるが、いわゆる長短調の枠組から外れるブルーノートというアメリカ黒人音楽の特徴的な音の感覚を、和声の強い進行感と両立させる巧みなやり方といえる。ブルーノートを用いた旋律を、西洋近代和声の合理性に即して処理するやり方は、戦後の「東京ブギウギ」でも巧みに用いられている。日本の俗謡の旋律をうまく西洋的な和声進行の慣習に落とし込んだ「山寺の和尚さん」などと並んで、服部の音楽語法の重要な特徴を示すものだ。

　コードに馴染みのない方はここで戻ってきていただきたいのだが、西洋音楽の長短調システムから外れる要素も含む、口承的でしばしば即興的な旋律の特徴を十分に咀嚼《そしゃく》して、基本的な西洋近代の和声の規則に即して、しかし小難しくも安っぽくもならずに編曲する、ひらたくいえば、洋の東西を問わず、さまざまな「地」のメロディに洗練された西洋近代和声をつけるというのが服部の音楽家としての真骨頂だと私は考えている。

「耳の音楽家」と「読み書きできる音楽家」

アメリカでは、小編成のジャズ（現在では「トラディショナル・ジャズ」と呼ばれるもの。ちなみに「ディキシーランド・ジャズ」という言い方は、アメリカ南部に対する差別的な呼称に由来するため現在では用いられない）から大編成のスウィングに至る過程では、楽譜に依拠せず独自の即興と合奏スタイルを生み出した「耳の音楽家」と、楽譜中心の西洋芸術音楽の教育を受けた「読み書きできる音楽家」の間の交流を通じて、両方の能力を身につけた音楽家が登場したことが決定的に重要な意味を持った。デューク・エリントンやカウント・ベイシーやベニー・グッドマンといったバンドリーダーや、それを支えた編曲家たちがその代表である。

アメリカに限らず、西北ヨーロッパの外で一九二〇年代から三〇年代にかけて世界で同時多発的に現れたローカルな大衆音楽は、インフォーマルに伝承された、各地に固有な（カタカナでいえばヴァナキュラーな）在来の音楽的感受性と、一九世紀の帝国主義を通じて世界化した覇権的な西洋芸術音楽の語法の両方に通じた音楽家によって担われた（前述 *Noise Uprising* を参照）。服部良一と笠置シヅ子こそは、そうした越境的（もっといえば境界侵犯的）音楽家の日本代表というべき存在であり、それゆえに、単に舶来の音楽をいち早く取り入れてうまく模倣した多くの日本の音楽家をはるかに超える存在であると考えている。

軽音楽の作曲家でありながら「正式な」楽譜が書けたことを服部の音楽性の高さの証として評価する傾向は根強くあるが、それは的外れとはいわないまでも一九世紀の西洋芸術音楽の（つまり帝国主義と植民地主義の）規範に囚われた全く表層的な見方だ。服部と笠置は、「帝国の音」の語法を身につけたから優れているのではなく、そうした語法を権威性抜きに（少なくともそれに囚われない仕方で）用いて、在来の日常的・庶民的感覚を表現することができたから優れているのだ。

服部の幅広い仕事の中でも、笠置とのコンビがとりわけ重要だと私が考えるのは、他の歌手の多くが西洋芸術音楽の規範、端的にいえばベルカント唱法に囚われているように思われる（その代表格はもちろん淡谷のり子だ）のに対し、「地声」で歌う笠置がそこから最も遠いところにいるからだ。そして、そうした表現が可能だったことと、二人がともに、人と物と情報が国境を越えて行き交う大都会・大阪の庶民層の出身で、「帝国の威信」を背負った西洋文化受容の一環としての専門的な音楽教育とは別の経路で「苦学力行」した経歴を持っていることは決して無関係ではないと考えている。

「ラッパと娘」の素晴らしさについてはいくら褒めても褒め足りないぐらいだが、必ずしも好意的な評価ばかりではなかったようだ。『キネマ旬報』一九三九年八月上旬号の「スペクタクル」欄の内田岐三雄《きさお》は、「ヤンチャ・ガールズ」や「シュガー・シスターズ」

（「そもそも僕は」このような「浅薄な名称を好まない」とわざわざ断っている）について「自分達だけがいい気になっている感がある」とし、次のように評する。

然し、いい気になっているものの筆頭は笠置シズ子である。彼女は大手を振って大股に出て来て、トランペットとかけ合いでジャズを歌う。その歌い方といい身振りといい傍若無人で、観客を向うに廻してというよりは、マイクを対手《あいて》に一人で遊んでいるのである。この傍若無人さは一部の人々には大いに好評であるらしいが、僕にはどうも面白くない。このスポイルド・チャイルドは今の内に堅く戒めて置く必要がある。あの舞台に登場する態度など、どう考えても僕には不愉快である。折角腕があるのだからそれを野放図にして邪道に陥らせるのは惜しいと思う。

書き写していて憤りを禁じえない「不愉快」な批評だが、彼女の堂々たる舞台がいかに突出したものであったかが逆説的に浮かび上がる。前衛的なヨーロッパ映画を高く評価する内田にとって、笠置の演唱や楽曲自体にみられるアメリカ黒人音楽の影響も「邪道」に映ったのかもしれない。しかし当時の批評家はなぜこんなに偉そうなのだろう。

コンビのレコード進出とレヴュー文化の終焉

瀬川の『ジャズで踊って』によれば、『グリーン・シャドウ』の公演中、笠置は日本コロムビアと専属契約し、「七月二七日、コロムビアのスタジオで、入社第一回作品として、この「ラッパと娘」を吹き込んだのであった」という。ただし発売は翌年一月にずれ込んでいる。「ラッパと娘」「センチメンタル・ダイナ」の後、浪曲の紺屋高尾《こうや》をスウィング仕立てで編曲し、ハリウッド見物に赴いてスターたちにインタビューするという奇想天外な主題の「紺屋高尾ハリウッドにゆく」(「日本娘のハリウッド見物」との表記もある)を録音しているという。この録音は現存しておらず、これを用いたアニメーション映画が詳細不詳ながら存在しているのだが、残念ながら未見だ。

しかし、SGDでの服部・笠置コンビのレコード進出は、SGDの、そして戦前レヴュー文化自体の終焉の時期とほとんど重なっていた。

SGDは『グリーン・シャドウ』以降しばらく本拠地の帝劇を離れ、より規模の小さい映画館を転々としている。服部は、「秋になると、松竹楽劇団が尻すぼまりになり、時間の余裕が見出せるようになった」ため、SGD入団前に関わりがあったPCL映画から発展した「東宝の撮影所に出向く」ようになる(『ぼくの音楽人生』)。松竹の舞台を手がけながら東宝で映画音楽を担当する、という異例の仕事ぶりからは、当時の音楽界での服部の特異な位置がわかる。ちなみに李香蘭の「蘇州夜曲」歌唱シーンを含む『支那の夜』は一九四〇年六月公開だ。

この年には、帝劇の経営権が東宝に移り、SGDは本拠地を失う。東宝から笠置に「引き抜きの手が伸び」たのも同じ時期のようだ。東宝は、SGDでの笠置の給料が二〇〇円だったのに対し、東宝は三〇〇円を提示し、移籍の調印をしたという。笠置の自伝では、服部が「『笠置君がやめるのなら僕もやめさせて貰う』と言ったことから、私と服部先生の間が誤解されて、ゴシップの種となってしまいました」という。「こんなことを満座の中で言えば誤解されるにきまっているのですが、幕内の経験が浅いのと、芸術家肌の直情から先生の失言となってしまったのです」（『歌う自画像』）という評が、松竹での叩き上げ舞台人の笠置と、ダンスホール、レコード会社、ラジオ、映画スタジオといった、比較的自由に仕事ができる場でキャリアを重ねた後で、身分秩序にうるさい劇場の世界にも関わり始めた服部のそれぞれの人物像をしのばせる。

笠置は松竹の大谷博の葉山の別荘に軟禁され、服部に電話で相談し「君がいなくなったら、僕も作曲する対象がなくなって楽劇団にいる必要がなくなる。やめる時には一緒にやめるから、僕に任せておき給え」と説得されている。笠置が東宝移籍について、松竹楽劇団の正指揮者である服部に相談するのは筋が通らないような気もするが、東宝映画でも仕事をしている服部は、松竹の業界慣習どっぷりのスタッフとは一線を画していたのだろう。この年、笠置は古川ロッパ一座からも誘われたといい、当時の笠置の人気と、引き抜き合戦の熾烈さの両方がわかる。

一九四〇年のSGD公演では、三月に淡谷のり子と笠置シヅ子の「初顔合せで歌いまくる　花とも競うステージ!!」として『春の歌合戦』が行われている。同じ大きさの二人の名前の横にはそれぞれ「ブルース」と「スウィング」と記されており、当時の二人の地位をうかがわせる。また、当時大流行した映画を翻案した『愛染かつら』のSGD版も上演されている。笠置が高石かつ枝役だが、どう演じたのだろうか。「愛染浪曲」や「ホット愛染」といった曲目から想像するに、戦後の笠置が多く演じる、『金色夜叉』や『お染久松』のような有名な物語のコミカルな翻案の先駆となったのかもしれない。さらに、「ラッパと娘」のコール・アンド・レスポンスやシンコペーションを利かせたリズムの面白さをさらに発展させ、しかも当時流行の中国趣味に落とし込んだ「ホット・チャイナ」のような佳曲も生まれている。これは録音もされたが、当時はカップリングのコロムビア・リズムボーイズによる「タリナイ・ソング」が検閲に引っかかり発禁となっている。

しかし帝劇という本拠地を失い失速したSGDは結局一九四一年初頭に解散する。笠置は大谷博の勧めによる独立準備のため、最終公演には出演しておらず、寂しい終わりだったことが推測される。笠置のブレイクがせめてあと一年早かったらどうなっていただろうか、と歯がゆい感じもあるが、ここは前向きに、ギリギリ間に合った、と捉えておきたい。

「敵性音楽」への弾圧

ＳＧＤから独立した「笠置シズ子とその楽団」には、服部自身は参加せず、服部の肝煎りでメンバーが集められた。バンドマスターの中沢寿士《ひさし》は服部の門下だった。中沢は戦後、大阪の毎日放送（ＭＢＳ）ジャズオーケストラで活躍し、「素人名人会」では笠置とともに審査員を長く務めた。

楽団を率いての独立は、笠置の本領発揮とはいかなかったようだ。歌あり踊りあり笑いありのレヴューの多様な演し物の中で、一、二曲で観客を圧倒する能力と、一定時間のステージをひとりで、しかも歌を中心に構成する能力は異なる。得意領域では圧倒的な力を持つものの音楽的な幅は決して広くない笠置の適性は、もちろんレヴューにあった。

さらに、一九四一年末の日米開戦後は、「敵性音楽」が排除され、あからさまにアメリカ的なレパートリーは制限された。付けまつ毛のような派手な化粧も禁止され、大きな身振りも制限された。笠置の自伝によると、「戦争になってから私は灰田勝彦さんとともに敵性歌手としていちばん手ひどく弾圧されました」という。警視庁に呼びつけられても、具体的な理由はなく、「論旨を突き詰めていくと『あんたの歌う舞台上の雰囲気がいけない』となり、何を歌っても私ではいけないことになるのです。これでは歌手をやめろといわれるのも同じことです」と述べている。当時の主なレパートリーは、「アイレ可愛や」などの南洋ものが中心で、「軍歌」は「真珠湾攻撃」と、戦地に赴いた弟を歌った服部作の「大空の弟」(二〇一九年に吉本興業が制作した笠置の伝記ミュージカル『SIZUKO! QUEEN OF BOOGIE ハイヒールとつけまつげ』上演の際に楽譜が発見され、劇中で神野美加が歌った)の二曲だけだった、とする。ジャズが歌えない「窮余の策」としての南方ものだったが、「大変好評を戴いて銀座全線座で発表会を催したほどでした」という。実際、一九四三年五月三〇日の読売新聞に「笠置シヅ子新作発表会」の広告が掲載されており、その惹句は「日本的民族音楽の樹立をめざして」だった。「民族音楽」という語の含意の変遷を考える上でも示唆的だ。

戦時下の芸能シャッフル

戦時中は、「敵性音楽」の弾圧はあったものの、「軽音楽」という用語の浸透とともに、レコード流行歌やダンス音楽が総動員体制のもとで実演される機会がむしろ増大していることには注意が必要だ。レコードの生産量は下がり、ダンスホールは禁止され、レヴューも下火になっていったが、大都市の中間層中心の「モダン文化」としての性格を強く帯びていた音楽が、戦地や工場の慰問や、劇場での実演など、地理的にも階層的にも広い範囲で受容されるようになっていったのだ。「私はどちらかといえば都会的な歌手なので流行歌で売り出した人ほど地方の工場から慰問の注文もなく、戦争中でもやっぱり劇場へ出る方が多かったように思います」(『歌う自画像』)という笠置の回想は、流行歌手の地方慰問が多かったことを示すと同時に、都市では劇場公演が続いていたことを示す。

当時の新聞に掲載された劇場広告を見ると、演劇公演に流行歌手の楽団が参加したり、漫才や浪花節と寄り合い所帯で公演を行っていたりする例が多く見られる。

一九四三年一二月三一日の読売新聞に掲載された東京の各劇場の正月公演の広告からもその傾向がはっきりわかる。笠置シヅ子と中沢寿士楽団が出演する銀座全線座は、「まんざい」、「歌謡模写」、「美の体育」(アクロバットだろうか?)が前座で、浪花節出身の活動弁士から漫談に転じた井口静波一党による「浪曲学校」と題した「立体漫談」、石田一松の「時事小唄」が並んでいる。笠置の演目は「〝南方音楽集〟九曲」となっている。その左隣は、新宿第一劇場で「十年に一度の初顔合せ」と銘打った灰田勝彦と水の江瀧子の合同公演の広告が掲載されている。淡谷のり子と大山秀雄楽団、田中和男と松竹軽音楽団、坊屋三郎が特別出演で、出演者に堺駿二や有島一郎の名前も見える。戦時中にもかかわらず、というより、戦時中だからこそ、従来の興行の慣習を越えてさまざまな芸が動員され、シャッフルが起こっていたのだ。

第五章 関西興行資本の東京進出〜松竹・東宝・吉本

吉本の「ぼん」は笠置ファン

笠置シヅ子が吉本穎右《えいすけ》と出会ったのは、「忘れもしない昭和十八〔一九四三〕年六月二十八日のこと」、名古屋でのことだった。自伝によれば、その頃は「そろそろ戦争も危ぶなくなって」、「地方巡業や増産激励の工場慰問で東京、大阪の大都市はご無沙汰しがちになって」いた。笠置の楽団が大須の太陽館に出演するのと同時期に新国劇も御園座で公演しており、かねて昵懇《じっこん》にしていた辰巳柳太郎の楽屋を訪れたときに、「ジェームス・スチュアートのように端麗な近代感に溢れ」た「グレイの背広をシックに着こなした長身の青年」を見かける。そのときは「眉目秀麗な貴公子然たるタイプに圧倒されて、ちょっと言葉が出」なかっただけだった。その翌日、笠置は名古屋宝塚劇場で公演中の映画俳優・岡譲二（のちに譲司と改名）の一座の宿泊している旅館に陣中見舞いに行き、同じ宿に宿泊していたその青年を見かける。その宿は吉本興業の芸人の定宿でもあったのだ。その日の太陽館での昼公演の後、楽屋に吉本興業の名古屋会計主任が入ってきて、その後ろに件《くだん》の青年が「モジモジ」していた。「笠置さん、実は今日、ぼんに頼まれて引き合わせに来ましたんや。ぼんはあんたのえらいファンだんね」。そして、二人とも翌日に関西方面に行く予定だったこともあり、同じ列車に乗り合わせることにする。こうして交際が始まった。

二人の悲恋の成り行きは本書の直接の関心ではないが、戦時中の活発な劇場公演を背景として、東京と大阪の間である名古屋で二人が出会っていることは偶然にしても興味深い。そして、戦前に松竹の舞台で頭角を現し、戦後は東宝系の舞台で大活躍する笠置が、戦争末期から敗戦直後にかけて吉本興業の御曹司と恋に落ちたことは、この三社を中心に展開した関東大震災以後の興行文化を考える上でも象徴的な出来事だったように思える。

関東大震災後、松竹、東宝、吉本というずれも関西出自の興行資本が、東京に進出してゆく。戦前・戦後を通じて笠置と服部が活動した劇場や映画の産業的な基盤は、これらの興行資本の「東漸」によって整えられた。レコード会社もこれらの興行資本と部分的には関わっているが、基本的には別系統だ。昭和前半期の大衆的な音楽・音曲文化を、レコードではなく実演を中心に再考しようとする本書の企てにとって、興行の歴史の基本をおさえておくことは非常に重要だ。笠置と服部の戦後が気になってたまらないという方は本章を飛ばしていただいても結構だが、戦前と戦後をつなぐインタールードとしてお読みいただきたい。

東京で勢力を広げる松竹

一九二三(大正一二)年九月一日の関東大震災によって、東京の劇場の多くは壊滅的な被害を受けた。大正半ばに人気を博した浅草オペラは震災で完全に息の根を止められ、その興行的な中心だった根岸興行部は、主要な劇場を松竹に買われ、わずかに安来節興行の木馬館だけが残った(一九七〇年に一階部分は浪曲の定席に変わり、現在の名称は「木馬亭」)。

松竹は、一九一〇(明治四三)年に新富座を取得して以降、一八八九年開場の歌舞伎座(劇場では歌舞伎を上演するのが当然だった当時としては異例の命名だった)を含め東京の劇場や映画館を多く買収するなど、すでに東京の興行界にも進出していたため震災の被害は甚大だった。しかし、復興の途上で、歌舞伎から映画に転向させた林長二郎(のちの長谷川一夫)を売り出し、それまで松竹の手が及ばなかった江戸三座の一つ市村座を手中に収めるなど、興行界での影響力を増大させてゆく。一九二八年に巨大映画館として開場した浅草松竹座の建設とそれにともなう東京松竹楽劇部の設立もその一環だ。

第一章で述べたように、一九三〇年に水の江瀧子の断髪が話題になり、その翌年には浅草松竹座は映画上映を廃し、レヴュー中心の劇場となる。大スターのターキーを擁する松竹は東京の少女歌劇の中心となり、松竹の少女歌劇も大阪より東京が中心となった。ちなみに戦後、松竹少女歌劇はOSKという略称は残しながらも、大阪からも松竹からも離れてゆくことになる。

そして松竹楽劇団が拠点を置いた帝国劇場も、一九二九年に一〇年契約で経営権を借り入れ、傘下に収めている。

東宝の猛追

松竹の興行界制覇が完成したかにみえた一九三二年、阪急の総帥・小林一三が株式会社東京宝塚劇場を設立し、興行界に本格的に参入する。当初の目的は、一九三四年開場の東京宝塚劇場の建設だったが、日比谷・有楽町付近を「劇場街」として開発する、という目論見に発展する。既存の劇場の取得を中心とする松竹に対して、大規模な土地を取得して大劇場中心に街全体を設計してゆく宝塚の特色があらわれているが、演劇研究者の笹山敬輔は、それまでの関西での松竹と宝塚の角逐《かくちく》とは「スケールが違う」、「大資本を背負った二社による総力戦」と形容している（『興行師列伝　愛と裏切りの近代芸能史』）。

ただし、小林は松竹と興行界で争うために東京に移ったわけではない。一九二七年以降、小林の古巣・三井銀行の依頼で東京電燈株式会社（東京電力の前身）の取締役として経営を担っており、東京に拠点を移していたのだ。もちろん都市のインフラ企業経営は震災復興を背景としている。

東京宝塚劇場は、東京電燈が所有していた空き地を小林が自ら買い上げて建設された。東宝の設立時点では、日比谷にある劇場は帝国劇場だけだった。帝劇の立地はそもそも、「帝都の中心」として、浅草をはじめとする従来からの盛り場の劇場との差異を強調して選ばれたもので、それゆえに（もちろん上演演目の「高尚さ」も手伝って）観客動員には恵まれなかった。近隣には、日本最高級の豪華な映画館である日本劇場の建設計画があり、当初から小林に参画の誘いもあったが、ひと悶着あり手を引いていた。日本劇場はようやく一九三三年に開場したが不振で、日活との合併を試みるも失敗し、宙に浮いていたところを、一九三五年に東宝が取得している。同時期に東宝は有楽座も建設し、一帯は新たな「劇場街」となってゆく。日劇と有楽座は、戦後の笠置の主な舞台となる。

「色物」レコードと吉本興業

もうひとつの関西系興行資本の東京進出も見逃せない。吉本興業だ。

一九一二年に、道楽が嵩じて大阪・天満《てんま》の寄席「第二文芸館」経営を始めた吉本泰三と妻のせいが創業した吉本興業(当初は蘆辺合名社、のちの吉本興行部)は、他の寄席では一五銭から二〇銭が普通のところ、入場料を五銭に下げ、格式や序列が明確な落語以外の諸芸、つまり番組表に落語と区別して朱で記載される「色物」を中心とした庶民的な演目を売り物にして庶民層の客を集めた。安来節や萬歳や音頭といった、地域の中で演じられていた芸能を積極的に舞台に上げたのも、「色物」中心の方針の一環だ。いくつかの二線級の寄席を買収したのち、一九一五年、大阪の歓楽街の中心である法善寺裏の金沢亭を買収し、これを機に、経営するすべての寄席を「花月」と改めた。第二章で紹介した『夫婦善哉』

で蝶子と柳吉が、出雲屋のまむしを食べた後に春団治を聴きに行く「法善寺裏の花月」はそうして誕生した。

一九二一年、吉本は、「後家殺し」と異名を取った落語家の初代桂春団治を専属に抱えている。春団治は、ニットーレコードで多くの録音を残しており、その筋では有名な煎餅に溝を切った「ものいふせんべい」(いわゆる「煎餅レコード」)もその流れで企画された。この時期、春団治に限らず、吉本所属芸人のレコードはニットーから多く発売されており、寄席とレコードの密接な関係がわかる。

一九二六年一一月から翌年五月まで吉本興行部が刊行していた雑誌『笑売往来』(一九九九年に復刻された)の裏表紙では、全一四号中九号がニットーレコードの広告となっている。その演目は、外資系参入以前のレコード制作の雑多な性格を示している。試みに、一九二七年五月の最終号に掲載された「五月売出し新譜」の演目名だけを列挙してみよう。江戸小唄、義太夫、歌沢《うたざわ》(端唄由来の短い歌)、江戸音曲、小唄、俚謡、浪花節(四種)、落語、琵琶、レコードドラマ、叙情小唄、童話、童謡、童話歌劇、管弦楽、ハーモニカジャズ、ハーモネット独奏、コルネット独奏、ハーモニカ、四重奏(ヴァイオリン、ベル、クラリネット、ピアノ)。これは当時吉本の寄席で演じられた演目や、松竹座パンフレットなどからうかがえる映画館での実演アトラクションの演目とかなりの程度重なっている。このように和洋とりまぜた多種多様な実演種目の中から、大正末以降、「船頭小唄」「籠の鳥」そして「道頓堀行進曲」といった、和洋折衷の新たな歌のスタイルも徐々に形作られてきたのだ。昭和以降の「流行歌」は、そうした新しい動きの一部だけが外資系レコード会社によって切り取られ、専属制度のもとで極端に増幅されることで成立し、やがて大衆向けレコード商品の主力になっていったとみることができる。

ちなみに、一九三五年八月から一九三七年七月、つまり日中開戦まで刊行された『ヨシモト』（一九九六年復刻）では、『笑売往来』のニットーレコードの広告の位置がテイチクに置き換わっており、その広告は、漫才や浪花節も見られるものの、古賀政男作曲の流行歌や映画主題歌が主力となっており、約一〇年の間のレコード界の変化を示している。なお『ヨシモト』の表紙裏にはポリドールの広告が掲載されている。この時期吉本はポリドールとも提携しており、東海林太郎をはじめとする流行歌手が実演の舞台に立つ機会も増えた。吉本興業の舞台がハブとなって、昭和初期に外資系レコード会社によって「姿なき声」に囲い込まれた流行歌に、新たな実演の場が与えられてゆく、と考えることもできる。レコード流行歌と実演の関係を考える上で、吉本興業の果たした役割は、松竹や東宝と並んで、もしかしたらそれ以上に重要だ。

レヴューに目をつけた東京吉本

時計の針を少し戻して一九二七年、吉本は大阪・道頓堀の松竹の大劇場、弁天座を借りて萬歳を中心とした「諸芸名人大会」を企画し大当たりを取っている。それを模して、松竹は吉本の芸人を引き抜き、「松竹専属全国萬歳大会」や「萬歳色物大会」を行い、松竹と吉本の角逐が顕在化する。その後、松竹は吉本の芸人に手を出さないという合意が得られ吉本優位で決着している。この時点での萬歳は、三味線や鼓を用い、民謡や浪花節や芝居の声色などもふんだんにとりいれた音曲の一種だった。

一九二八年には、吉本せいと並んで経営を担っていた実弟・林正之助の下の弟、宏高が東京営業部の責任者となり、本格的に東京進出を企てる。一九二一年一一月に神田花月を開いたのを皮切りに、大阪吉本は関東でも寄席を経営していたが、それとは別に、一九三〇年に浅草の蕎麦屋「おく山萬成庵」の跡地に「萬成座」を開き、浅草を東京の拠点とする。東京吉本にはすでに、落語の柳家金語楼《きんごろう》、都々逸《どどいつ》の柳家三亀松《みきまつ》、書生節の石田一松らが所属していた。さらに、震災後の浅草で、浅草オペラ残党や映画館の弁士や楽士などを取り込んで勃興しつつあったレヴューや軽演劇に目をつける。「カジノ・フォーリー」や「プペ・ダンサント」、古川ロッパの「笑の王国」、エノケンと二村定一を擁する「ピエル・ブリヤント」などだ。

林弘高が東京および日本の興行界全体に残した功績の第一は、一九三四年三月に、アメリカのレヴュー団「マーカス・ショー」の日劇公演を成功させたことだ。その経緯と反響は、小谷洋介『吉本興業をキラキラにした男　林宏高物語』に詳述されている。歌、踊り、寸劇、パントマイム、アクロバットなどを目まぐるしく展開し、名物の「銀箔塗りの裸女」とタップダンスで頂点を迎える全二八景、出演者総勢六三人に及ぶ「本場」のヴォードヴィルショーで、開場以来不振にあえいでいた日劇は、八〇銭から三円という高額の入場料にもかかわらず人が溢れかえった。

戦前戦後の東京の軽演劇史を網羅的に扱った数少ない資料である旗一兵《はたいっぺい》『喜劇人回り舞台　笑うスター五十年史』では、マーカス・ショーの公演の経緯を詳述し、次のように記す。

これが日本のショーにあたえた影響は量り知れない。多芸を集めたバラエティーの構成、スピーディーな進行、タップ・チームの養成、照明の立体的駆使は、いずれもマーカスが残していった置土産で、殊にこれを招いた吉本興業はこれによって社格を上げ、浅草に花月劇場を新築すると同時に、トップ・モードの「吉本ショー」を出発させた。（略）

「マーカス」がフィナーレに合唱した「サヨなら、また会いましょう」（グッドバイ・シー・ユー・アゲーン）の曲が松竹歌劇に常用されたり、ムーラン・ルージュがゴを小さく書いた「ゴマーカス・ショー」を上演して大当りしたなどは、ほんのささいな話題にすぎない。「マーカス」の興行経験により、漫才会社の吉本興業は大躍進して「吉本ショー」を新編成してレビュー界の第一線へ進出するとともに、東宝と提携して爆笑映画や丸ノ内の実演へ乗り出して気を吐いた。

「ゴマーカス・ショー」とはなんとも魅力的だがそれはさておき、吉本が「レビュー界の第一線」に進出していることを確認しておこう。「吉本ショウ」は、新たに吉本興業が建設した浅草花月劇場を拠点に一九三五年に幕を開けた。

ニューヨーク遊学から帰国したばかりのタップ・ダンサー、中川三郎を破格の待遇で招いたが、中川は短期間で独立し、ＳＧＤの設立に参加している。中川は、戦後もポピュラーな社交ダンスの教師として日本のダンス界とポピュラー音楽界に大きな影響を残す。ご興味ある向きは、拙著『踊る昭和歌謡　リズムからみる大衆音楽』を参照されたい。中川は大阪・船場の商家のボンボンで、阪神国道沿いのダンスホールで中学生から腕を磨き、慶應義塾大学予科に短期間通ったのちにニューヨークに遊学した。

漫才の誕生

さらに、吉本ショウからは「あきれたぼういず」が、浪曲とジャズを合わせた洋風の歌謡漫談で注目される。川田義雄(のちの川田晴久)、坊屋三郎《ぼうやさぶろう》、芝利英《しばりえ》、益田喜頓《ますだきいとん》の四人組で、モーリス・シュヴァリエとバスター・キートンをもじった芸名からも当時の洋画の影響がうかがえる。現在では「ボーイズ」はひとつの芸種として確立し、他種目を含む「ボーイズ・バラエティー協会」が作られているが、これは「あきれたぼういず」に由来するものだ。

あきれたぼういずが、音曲としての萬歳に西洋音楽の要素を取り入れて新たな芸態を確立するのに数年先行して、萬歳の掛け合いの喋りの部分を自立させた新たな芸態としての「漫才」が生まれている。当時は「二人漫談」とも呼ばれている。「漫談」は、映画のトーキー化によって仕事を失った活動弁士が寄席に進出する中で現れる芸態だ。一九三〇(昭和五)年の横山エンタツ・花菱アチャコのコンビ結成と、台本を提供する漫才作家・秋田實《みのる》の登場によって、一九三三年の演目「早慶戦」をきっかけに新たな種目として確立する。「萬歳」ではなく「漫才」という表記も、この頃から用いられるようになる。エンタツはアメリカ帰りで、秋田は東京帝大中退のインテリだった。彼らは洋装で、楽器を持たず、歌も歌わなかった。即興ではなく、書かれた台本があった、ということも重要だ。「ボク」「キミ」という人称も新しかった。彼らの地位を確立した「早慶戦」が、東京で行われる大学生（純然たるインテリ）によるスポーツイベントを題材にしたもので、それがラジオやレコードで人気を博していったことからも、インテリにも支持される洋風のモダンな演芸として受け容れられたことがわかる。

音曲の一種としての萬歳から歌と踊りと楽器の要素が切離されて「しゃべくり漫才（二人漫談）」が成立するのとほぼ同時に、萬歳の音曲の側面を色濃く引き継ぎながら西洋音楽の要素を大々的にとりいれた「ボーイズ」芸が生まれていることは決定的に重要だ。そして私自身は、笠置と服部の芸態についても、レコード会社主導の「流行歌」の枠ではなく、舞台における萬歳や音曲のモダン化と舶来レヴューの土着化が相乗りする一九三〇年代の上演文化の文脈で捉えるべきだと考えている。

吉本興業は、一九三五年に東宝映画の前身のひとつであるＰＣＬと提携し、自社の芸人をトーキー映画にも送り込んでいる。エンタツ・アチャコは、舞台では短期間でコンビを解消していたが、映画ではコンビでの出演を続けていた。前述のように、映画のトーキー化によって現れた「漫談」にヒントを得たしゃべくり漫才の人気者が、今度はトーキー映画のスターになってゆく、という循環を見出せる。

東京吉本は、既存の演芸種目でも、自身の従軍体験に基づく「兵隊落語」で当たった柳家金語楼や、三味線にピアノ伴奏を取り入れ艶っぽい都々逸を演じる柳家三亀松など、いわゆる「古典」とは異なるスタイルの人気芸人が輩出している。ちなみに三亀松の伴奏ピアニスト、久保益雄は江利チエミの父で、チエミも吉本興業からデビューしている。一九三八年には朝日新聞社と共同でこれらの人気芸人による大規模な慰問団「わらわし隊」を組織し、中国戦線に派遣していることはよく知られている。

引き抜き合戦勃発

日中戦争勃発後の一九三九年、前章でも映画館実演が隆盛した背景として述べた洋画の禁輸やフィルム確保の困難を受けて、松竹の傍系の映画会社、新興キネマが演芸部を設立し、吉本興業所属の芸人に対して、破格のギャラで引き抜き攻勢をかける。これは、吉本と東宝の提携に対する松竹の反攻でもあった。

SGDで「スウィングの女王」となった笠置に対する東宝の引き抜きも、そうした引き抜き合戦の一環と理解できる。売出し中のあきれたぼういずは、川田義雄以外の三人が新興キネマに引き抜かれ早々に分裂した。引き抜かれた坊屋らがあきれたぼういずの名前を用い(新たに山茶花究《さざんかきゅう》が加入)、川田は「ミルク・ブラザース」を結成した。アメリカの黒人ヴォーカルカルテット「ミルズ・ブラザーズ」のもじりだ。新興キネマ演芸部が破格のギャラを提供できたのは、吉本の芸人が出演する場が基本的に少数の直営館に限られていたのに対し、新興は各都市に系列映画館のネットワークを持っており、また芸人の映画出演も視野に入れることができたからだ。演芸の実演が、従来の寄席の経営方法から、映画興行と連続して巡回するものへと変化していることがわかる。

前章でみたように、笠置は一九三九年にコロムビアレコードと契約するが、その背景にも、一九三八年にあきれたぼういずがビクターと契約し、舞台人としてレコードでも成功を収めていたことがあるかもしれない。

音曲繚乱のラジオ

一九四〇年四月一七日に、笠置はエノケンと組んで、ラジオで「歌謡漫談」として「音楽は嬉し」を放送している。管見の限りこれ以前に笠置とエノケンが共演している記録はなく、戦後の度重なる共演を考える上でも興味深いのだが、その紹介記事は、当時の笠置の芸界での位置づけと、驚くべき演目の多様性をどちらも伝えている。

ラジオでは今までアキレタボーイズとミルクブラザーズの放送を歌謡漫談と称してきたが今夜はコロムビアスタッフとエノケンを加えてサトウ・ハチロー作服部良一作曲の新作歌謡漫談「音楽は嬉し」を放送するがスウィングの女王笠置しづ子の歌を中心

に爆笑会話をまぜ「ジャズの子守唄」「短歌の朗詠」「短い浪花節」リリアン・ハーヴェイ主演「会議は踊る」の主題歌、唱歌「モシモシカメヨ」変奏曲、第一次欧洲大戦の時にイギリスから流行した軍歌「チペラリー」「ダブリンベイ」をうたった上似ているメロディの見本として「東京行進曲」と「枯すすき」軍歌「雪の進軍」と「月は無情」歌謡曲「上海だより」と「ラッパ節」を実演した上「サノサ節」「佐渡おけさ」「しょんがいな節」「ラッパ節」「ドンドン節」「から傘の」「サリトハツライネ」の替歌で時局をうたう（読売新聞一九四〇年四月一七日）

ここでは、エノケンと笠置のコンビが、分裂した旧あきれたぼういず系の二グループに連なる「歌謡漫談」であることがはっきりと示されている。服部が編曲・指揮し、コロムビア・リズム・ボーイズとシスターズが合唱で参加しており、当時のラジオ局の娯楽的な音楽放送とレコード会社の密接な関係を示す。その一方で、当時エノケンはポリドール専属であり、ラジオにおいては舞台やレコード会社の契約に縛られない共演が可能になっていることもわかる。そして何より、この演目の多彩さには驚かされる。明治以来人々に親しまれた歌や演目が、古今と和洋の別を超えて折衷される。おそらく替歌の内容は「時局」に沿った翼賛的なものだったに違いないが、洋楽放送や国民歌謡のプログラムとは異なる、庶民的（とはいえある程度は都市に限定されていただろうが）な音曲趣味の融通無礙な広さと根強さを示しているように思える。

笠置は四月に先立って三月一五日にもラジオに出演している。これは宝塚を引退してビクター専属歌手となった葦原邦子との共演で、読売新聞では「歌謡曲とスイング競演」の見出しがついている。「男装の麗人葦原邦子は東宝を引退してビクター歌手として今夜二回目の放送〔を〕する〔。〕それに対してコロムビア歌手になった松竹楽劇団の笠置しづ子が得意のスイングを放送するが中間に東管〔東京放送管弦楽団〕の和田肇氏がピアノで間奏曲を独奏する」（三月一五日）と記され、レコード会社に所属することと歌手としてのラジオ出演が不可分であることが示唆される。

ここでの「歌謡曲」は同時代の日本の文学者や音楽学校系の作曲家による芸術歌曲に近いものだ。葦原の演目には作詞者と作曲者が麗々しく記されているが、笠置が歌う「愛染かつら苗木売り」と「ラッパと娘」には記されていない。葦原の歌唱曲が七五調歌詞で三～四行に収まるものだったのに対し、「ラッパと娘」の歌詞は二一行に及ぶ。スキャット部分がすべてカナ書きされているのが面白い。後半は「歌おうよ」以外六行にわたってバドダドとバンバンとバンジなどが続き、筒井康隆『バブリング創世記』ばりの強烈な違和感とおかしみを放っている。このことも、「ラッパと娘」が当時の慣習から激しく逸脱する破格の一曲だったことを示している。

イデオロギーと軽口と

以上、関東大震災から戦時期までの興行文化について、特に吉本興業の存在に注意をはらいながら概観してきた。

戦時期の大衆音楽（あるいは音楽＝洋楽の大衆化）については、戸ノ下達也《とのしたたつや》をはじめ一定の議論の蓄積がある。ラジオ、新聞、レコード会社などが組んで企画した、広い意味での「軍歌」が「国民的」な人気を博したことは、辻田真佐憲《まさのり》『日本の軍歌　国民的音楽の歴史』に記されている。多くの場合、政策立案者や大手メディアの動向に注目したそれらの研究については本書では詳述しない。付言すれば、概して、戦時の「楽壇」エリートたちは国家総動員体制を、「西洋由来の高尚な音楽」を大衆に普及する好機として捉えていたように見受けられる。多くの音楽家や評論家のあからさまな戦争協力はむしろ、明治以来の学校と軍隊を通じたトップダウン的な（西洋）音楽普及（強制とはいわないまでも）の必然的な帰結であって、「意に反して」とか「芸術家の良心にもかかわらず」とか「不幸にして」といったものではないように思える。

そうした支配的なイデオロギーは、本章で扱った大衆的な実演における音楽にも一定の影響を及ぼしたことは間違いない。レヴューの舞台で取ってつけたように「愛国行進曲」が歌われたように。ただし、それは実演における娯楽的な歌と踊りと楽器の幅広い実践の本道というより、多くの場合あくまでも外的な要請によるものであったことには改めて注意を促しておきたい。もちろん、そうした圧力の影響は決して小さくないし、積極的にそれに応えようとする興行師や演者も多かった。しかし、戦時中の文化政策には還元できない雑多な要素がそこには渦巻いていた。

笠置と服部、とりわけ服部はエリート層が好む舶来の音楽技術を十分に身につけていながら、それを取り巻くイデオロギーからは自由だったように思われる。そのことは、『映画と音楽』一九三九年九月号に掲載された「軽音楽の研究」という特集への服部の寄稿「音楽漫談」から読み取れる。「軽音楽」概念自体の検討は本書の射程をはずれるが、総動員体制のもとで大衆向けの音楽を上から包摂しようとする動きの中で喧伝された用語であることは確認しておきたい（細川周平『近代日本の音楽百年』第四巻　第三部第四章を参照）。

エー何んでも音楽には軽い音楽から重い音楽までいろいろと御座いますようで、その軽音楽ってのを、ライト・ミュジックとか申します。すると重い音楽はこれを、ヘヴィ、ミュージック、其の中間に、バンタム・ミュージック、フェザー・ミュージック、なんてのがあるそうですが、うっかり口が過ぎると其の辺からアッパカットでもいただきそうですネー……

このように書き出し、三浦環や藤原義江は「オペラ」で少女歌劇は「オケラ」、フランスの「シャンソン」を由利あけみが歌うと「トテシャンソン」など、ひたすら地口を重ね、「ハイ、長い間、お暑いのに、おしゃべりをきいて下さいまして有難う。どうやらこの辺で、おあとの、アチャコ、エンタツ先生と交代致しまーす。チョン」と結ぶ。

同じ特集の寄稿でも、スウィングをダンスより鑑賞に適しているがゆえにジャズの本道である、として称賛する野口久光や、映画と音楽の発展史から始め、現在の日本映画の音楽の貧困を批判しつつ、その質的な向上によって映画を通じた軽音楽の普及を訴える塚谷晃弘とは全く対照的だ。「うっかり口が過ぎると其の辺からアッパカットでもいただきそうですネー」という一節は「軽音楽」概念の権力性と胡散臭さを浮き彫りにしている。本章の議論に即せば、服部がここで「漫談」という形式を用い、最後にエンタツ・アチャコに言及していることは、漫談や漫才と服部の音楽の、同時代というだけではない質的な共通性を示しているように思える。もちろんただの「軽い」冗談だったのかもしれないが、その含意はかなり「重い」。少なくとも、私はそのように解釈したい。

第六章　時代のアイコン「ブギの女王」

「貫戦期」視点でブギウギを捉える

笠置シヅ子の記憶は、「戦後」と抜き難く結びついている。

一九八五（昭和六〇）年に彼女が死去したときの新聞記事の見出しは「焼け跡に明るいリズム」「暗い世相吹き飛ばす」（朝日新聞四月一日）、「戦後世相へリズムのパンチ」（読売新聞同日）、「焼け跡にブギウギ」（毎日新聞同日）というもので、朝日と読売では、「ブギの女王」という形容が、彼女の名前の上に冠されている。

しかし、ここまでみたように、笠置と服部のコンビは、音楽的には日米開戦直前、「ラッパと娘」が生まれた時点でひとつの頂点を極めている（少なくとも私はそう考えている）。そして、戦前の「スウィング」と戦後の「ブギウギ」は音楽的には明らかに連続しており、大きな断絶はない。「ブギウギ」のリズムも、後述するように服部は戦中にすでに試みていた。

とはいえ、「スウィングの女王」と「ブギの女王」の意味合いは同じではない。戦前に笠置を支持したのは、東京を中心とする大都市部の中間層以上、とりわけ映画やレコードを通じてアメリカの大衆文化に精通していた層に限られていたと考えられるのに対し、戦後では彼女の人気は地理的にも階層的にもきわめて幅広くなっている。それゆえ音楽スタイルとしての「ブギウギ」とその歴史的含意については、服部の音楽観に即して後に見ることとし、まずは、「東京ブギウギ」に至る過程と、笠置シヅ子の代名詞としての「ブギウギ」が演じられ受け容れられ、さらには時代全体の象徴のようにも使われていく文脈の変化と拡大に注目する。

東宝系劇場へ進出

敗戦後、笠置シヅ子と服部良一のコンビは、東京では日本劇場と有楽座を中心とする東宝系の劇場を活躍の場とする。笠置が東宝系劇場に出演する経緯や契約関係は不明だが、エイスケと恋愛関係になった戦争末期以降、吉本興業系の舞台にしばしば出演していることが布石となっているかもしれない。そうでなくとも、戦争末期、統制下における文化産業の統合やシャッフルによって、それまでの強固な契約関係はかなり緩んでいたようだ。

雑誌『東宝』一九四五年一二月号には、東宝舞踊隊（日劇ダンシングチームの戦中の名称）改め東宝舞踊団（ＴＤＡ）による日劇での戦後初公演となる『ハイライト』（一一月二二日から）が告知されている。「レヴュウといえば、かつてジャズやダンスホールなどとともに、欧米的とか軽佻浮薄の代名詞のようにいわれ、その筋から右翼団体からことごとに虐待されてきた。それが今や終戦とともに、歌舞伎、新派の不振を尻眼に、颯爽と舞台へカムバックしてきたのである」と始まる記事の中に、「従来の『聴かせる歌手』から『観せる歌手』へと指導するために、その方面の先輩、橘薫と笠置シズ子を招聘しようと目下交渉も進められている」とある。

この公演は、「笠置シズ子の凱歌《トライアンフ》であった」と翌月の『東宝』で評されている。「ハイライト」に特別出演した「灰田勝彦と笠置シズ子」を表題とする三ページの長い評論で、筆者の榎下金吾は映画宣伝に関わっていた人物のようだが残された文章は多くない。それまでの笠置のキャリア全体を見渡した彼の評言は、ずばりと核心をついているように思える。

あらゆる観客が、好むと好まざるとに関わらず、彼女のダイナミックな「二人で歩けば」に圧倒されたであろう。彼女は正に水に帰った魚であった。過去数年は、陸に上った河童を続けていた観があった。これは得意の「私のトランペット」「ラッパと娘」の誤りだろう］などのスイングジャズが封じられていたと言う意味ばかりでは無い。他の軽音楽歌手と同じく「笠置シズ子と其の楽団」を組織して歌っていたことは、私は彼女の為に決して取らなかった。笠置シズ子は、レヴュウの中にあってこそ、其の真価を発揮する歌手なのである。コーラスを配し、踊り子の群と共に踊り、豪華な衣装と背景に彩られ、良き演出者に指導されて、始めて其の良さが百パーセント生かされるのである。

そして、宝塚と東京の松竹少女歌劇に押されて苦闘を続けていた大阪松竹歌劇団のスターたちに触れ、次のように述べる。

道頓堀の大衆の中で育ち、大阪の伝統的な芸界の空気を吸った彼女達は、古風な「芸人気質」を色濃く身に付けていた。特に笠置シズ子が持っていた舞台に対するファナティックな程の神聖視、きびしい芸道修業、舞台に死すとも悔いない気魄、観客への奉仕観念、それらは、思い上った宝塚・東京松竹のスター達、浮気っぽい群小レヴュウ団の踊り子達を見馴れた眼には驚異でさえあった。今日、彼女のモダァンなジャズ調に酔う者は、それが古めかしい大阪芸界の伝統の中に育ち、古めかしい芸道修業を十年に亘って続けて来た成果に接している訳である。まことに彼女のアグレッシヴな歌い方が、文楽座の義太夫語りの太夫の語るのと同じ感じを懐《いだ》かせるのは決して偶然ではない。

榎下が大阪の芸界を必要以上に「古めかしい」ものと捉え、続いて「ジャズソングと来ては、特に大阪では、それが皆無であり、全くの処女地なのである」としているのは大いに問題があるが、彼女の「野性的・精力的」な声と「体の良く動くこと」、そして「気魄の凄まじさ」を絶賛し、しかも、五年以上前の「ラッパと娘」初演時の内田岐三雄の舞台で「いい気になっている」という笠置評（第四章参照）を取り上げて、「自分としては一所懸命に演っているのがそう見られるとすれば、大《おお》いに考える必要があろう」と好意的にフォローしているところからも彼の熱意が伝わる。

このように、大阪の芸能の伝統を体現しつつ、豪華なレヴューの舞台で踊りや身振りを伴って熱心に「見せる」歌手という笠置の特異性が、「東京ブギウギ」以前に十分に認識されていたことは重要だ。そして日米開戦前の評言が改めて取り上げられていることも、戦前と戦後の連続を強く感じさせる。

服部の復員

この「ハイライト」公演中の一二月初旬、服部良一は上海から帰国し、日劇の楽屋を訪れている。服部は一九四四年六月に陸軍報道班員として宣撫活動に従事していた。自伝によれば、「いかめしく軍刀を腰につるした奏任官佐官待遇」だったが、「音楽家として、自由に外国人と付き合っていただきたい」という指示があったという。自由に振る舞うことが日本の文化的な宣伝になる、ということであって、戦争に加担していなかったということではもちろんない。服部の上海での活動についての詳細は上田賢一の『上海ブギウギ1945』を参照されたい。

復員した服部の戦後最初の仕事は、エノケン劇団の一九四六年の日劇での正月公演『踊る竜宮城』の音楽だった。と自伝には書かれているが、『東宝50年映画・演劇・テレビ作品リスト』にはその名前はない。日劇の正月公演はたしかにエノケン一座だが、題名は「エノケンのサーカス・キッド」で、音楽担当も栗原重一となっている。一部の景の音楽を担当しただけだったのかもしれない。ちなみに『踊る竜宮城』は一九四九年にSKD勢が総出演した松竹のレヴュー映画で、現在では美空ひばりがレコードデビュー曲「河童ブギウギ」を歌ったことで知られている。さらにいえば笠置が「東京ブギウギ」を初めて日劇で歌った公演も一九四七年の『踊る漫画祭　浦島再び龍宮へ行く』だった。なんとも因縁を感じるが、よく知られたおとぎ話をレヴュー化および映画化することは決して珍しくなく(この手法の先駆は戦中の『狸御殿』だ)、エノケン一座(そもそも『踊る龍宮城』だったかも不明だが)と松竹のそれが同じものだったとは限らない。

続いて服部は、三月にはエノケン一座に笠置が特別出演した菊田一夫作『舞台は回る』に音楽を提供している。フリッツ・ラング監督の映画で知られる戯曲を翻案した『エノケンのリリオム』との二部構成だった。そこで笠置が歌うために服部が作詞作曲したのが

「コペカチータ」で、レコード発売された際のB面は「セコハン娘」だった。「コペカチータ」はなんとなくスペイン語風の響きがあるが意味のない造語で、歌詞の中で、漠然と曲のリズム名が「コペカチータ」であることが示唆される。言葉の響きとリズムへの服部の関心の強さ、そして舶来文化をそのまま取り入れることをよしとしない姿勢がうかがえる。言語的意味を超える笠置のパフォーマンスの強さを活かす工夫ともとれる。

「新道頓堀行進曲」

服部はコロムビアに復帰し流行歌ソングライターとして「月に二、三度」の録音に臨むかたわら、大阪の復興祭に際して公募の歌詞で「復興大阪ソング」と「新道頓堀行進曲」を作曲し妹の服部富子が歌っている。と自伝にはあるが、レコードでは霧島昇・松原操が歌った「復興ソング」と、「新道頓堀行進曲」ではなく二葉あき子・池真理子が歌った「リズム新大阪」の両面盤が同年一〇月にコロムビアから発売されている。残念ながら現物は入手できていないが、オークションサイトの画面でレーベルを見ると、「夕刊新大阪選定歌　大阪市大阪中央放送局後援」とあり、放送では服部富子が歌った可能性は十分にある。実演や放送と録音で歌手が違うことは、専属歌手制度のもとでは珍しくなかった。

ちなみに「新道頓堀行進曲」は、服部良一スクラップブックに収められたパンフレット

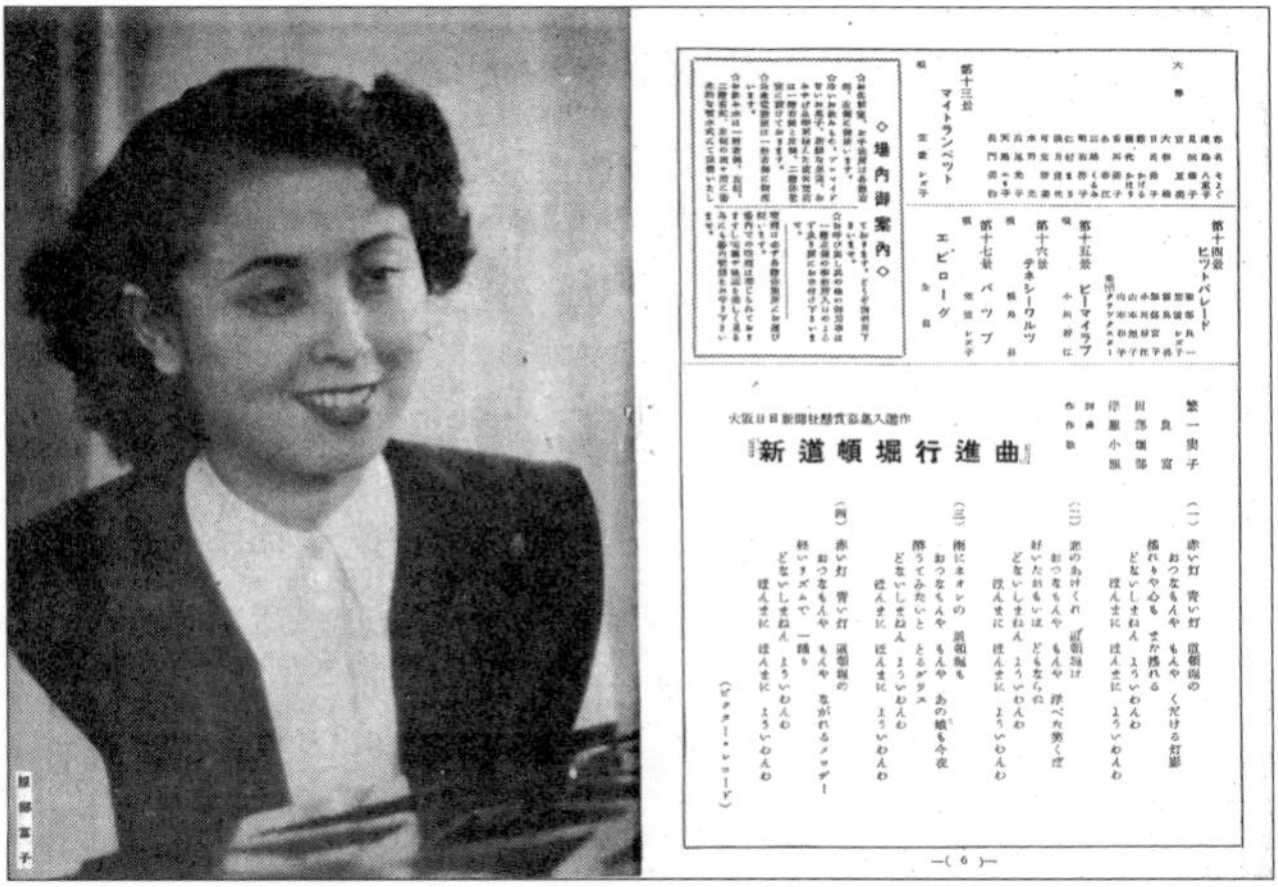

「ヘイ・オン・ジャズ」のパンフレットより。富子は服部のお気に入りの妹だった。B

によると、一九五一年八月大劇での『ヘイ・オン・ジャズ』公演で服部富子が歌っている。「大阪日日新聞懸賞募集入選作」として富子の写真とともに歌詞が大きく掲載されており、レコードも富子と小畑実の歌唱でビクターから発売されている。本家同様「赤い灯青い灯道頓堀の」で始まり「ほんまにほんまにようういわんわ」という「買物ブギー」を思わせるコーラスで終わる。いずれにせよ、戦争を挟んで二〇年経っても「道頓堀行進曲」の記憶が生きていることがわかる。ちなみに、一九四八年の「大阪ブギウギ」(笠置歌唱)も天王寺での復興大博覧会に際して作られた曲だ。こうした祝典と連動した大衆歌謡制作は、戦時中の「愛国行進曲」「紀元二千六百年」などの制作と宣伝で一般化したもので、その連続も興味深い。

スウィング・オペラ『ジャズ・カルメン』

そして一九四七年一月末、笠置が妊娠中に主演した『ジャズ・カルメン』が日劇で初演を迎える。ビゼーの有名なオペラをジャズ編曲で上演するという試みで、服部の提案だった。笠置の自伝によれば、前年の九月に上演する予定が、東宝のストライキで延期になっていたという。笠置の相手役は藤山一郎が降板し、新人の石井亀次郎が務めた。

ちょうど当初の『ジャズ・カルメン』公演予定期間と重なる『音楽の友』一九四六年一〇・一一月合併号には、服部の自伝的エッセイ「スウィングへの遍歴」が掲載されている。その結びは「今新しい気持でスウィングミュージックの研究にそしてシンホニックジャズにスウィングオペラの製作に夢中になって居ります。思えば戦時中あんなに排撃されたジャズであり、スウィング音楽であったものをと感慨無量の思いが致します」というものだ。『音楽の友』の、しかも「音楽の芽生えの為に」と冠された教訓的記事であり、服部にしてはやや優等生的な記述にも思えるが、大衆性を備えた交響的作品への志向は服部の経歴の中で一貫している。

「戦時中あんなに排撃された」という本人の感慨は偽りのないものだったに違いないが、日米開戦前にはジャズやスウィングは必ずしも「排撃」されていたわけではなく、昭和一〇年代の服部の「日本のジャズ」への志向とも重なる。むしろ、敗戦翌年の『音楽の友』に、「スウィング」を表題とする服部の自伝が掲載されたことは、戦勝国・占領国アメリカの国民音楽たるスウィングの社会的地位が、日本国内の高尚な音楽界の中で高まったことを示唆する。クラシック曲のジャズ編曲という方向は、アメリカのシンフォニック・ジャズやセミ・クラシック的な音楽がＷＶＴＲ（占領軍放送）を通じて容易に耳に入ってくるようになったことが大きな背景として考えられるが、高尚な音楽を大衆化させる、という戦中の啓蒙教化的な「軽音楽」観とも親和的であることには注意が必要だ。

残念ながら、服部が心血を注いだ『ジャズ・カルメン』の評判は芳しくない。「その企画は買えるのだが、現実に舞台に現れたものは至極安易平凡で、新しさとか野心的意図は全く見られないといっていい（略）全体にもっと徹底した近代化が大胆に行われていない点不成功といわざるをえない」（世界日報一九四七年二月七日）。主演の笠置も、妊娠中で大きな動きができなかっただけでなく、「歌唱法には初めから限界があり、その上こんどは、いつもの生気がなく、非個性的である」（東京新聞一九四七年二月五日）。笠置の体調を考えると酷な批評ではあるが、いくらスウィング版とはいえ、そもそも笠置がオペラ曲を歌うのには無理がある。ただ、「もっと徹底した近代化」を望む批評からは、こうした方向性自体は社会的に広く認められていたことが伝わる。

時事新報二月四日付では、日響（日本交響楽団）の常任指揮者・山田一男と服部良一（肩書は「軽音楽作曲家」）の間の「音楽おたがい注文」と題した往復書簡が掲載されている。山田は「仏映画のようなジャズを」という見出しで、現在のジャズ流行を「中毒」「メチル」と非難しつつ服部の「シンフォニック・ジャズやスウィング・オペラ」の「創造的意慾」を持ち上げる。服部は「日響の人等が日比谷公会堂で、アメリカのガーシュインやグロッフェのもの、もっと慾を云えばデューク・エリントンのもの、コステラネッツのもの等を演奏されるようになった時にこそ、日本の軽音楽が新らしい第一歩を踏み出す時ではないかと思います」と応答する。話が嚙み合っているようにはみえないが、少なくとも服部がこれらのアメリカの作曲家及びバンドリーダーを強く意識していたことと、クラシック界でも戦勝国のジャズが無視できない状況になっていたことがわかる。同じ紙面の直下に『ジャズ・カルメン』の評が掲載され、「笠置のカルメンはジャズとクラシックをうたい分けられずいつもほどのびのびしたところがない（略）服部良一指揮の東宝管弦楽団が名作のジャズ化にいくらか成功していた程度」と酷評されているのが切ない。

「センセ、たのんまっせ」

妊娠中にもかかわらず『ジャズ・カルメン』に出演した笠置は公演後休養し、出産直前に恋人エイスケと死別する。恋人を失った悲嘆の中、忘れ形見の愛児・ヱイ子をひとりで育てる決意を固めた笠置に依頼されて服部が作った新曲が「東京ブギウギ」だった。

「センセ、たのんまっせ」

と言われて、ぼくは彼女のために、その苦境をふっとばす華やかな再起の場を作ろうと決心した。それは、敗戦の悲嘆に沈むわれわれ日本人の明日への力強い活力につながるかも知れない。

何か明るいものを、心がうきうきするものを、平和への叫び、世界へ響く歌、派手な踊り、楽しい歌……。

このような動機と発想から『東京ブギウギ』は生まれたのである。(『ぼくの音楽人生』)

「東京ブギウギ」は果たしてブギウギなのか、あるいはいかなる意味でブギウギなのか、そもそもブギウギとは何なのか、という厄介な問題は次章で論じるとして、服部が「ブギウギ」のリズムを用いるのはこれが初めてではなかった。

服部の自伝によると、「この八拍《エイトビート》の躍動するリズムは、ぼくは昭和十七年ごろ、「ビューグル・コール・ブギウギ」〔第七章参照〕の楽譜を手に入れて知っていた」という。服部が「実地応用」を試みたのは、「すでにジャズ禁止の時代に入っていた」一九四三年の映画『音楽大進軍』で大谷冽子《きよこ》が歌った「荒城の月」においてで、これはラジオの国際放送でも放送したという。ただし、現在残っている『音楽大進軍』での「荒城の月」はブギウギ編曲ではなく、「桜井潔とその楽団」と東宝管弦楽団による演奏だ。ブギウギ版は撮影されたが内務省検閲でカットされたという（佐藤利明のnoteより。二〇二一年九月二日）。

その次にブギウギを使ったのは、一九四五年初夏、李香蘭と上海交響楽団により初演された一二分に及ぶ大作のシンフォニック・ジャズ「夜来香《イェライシャン》ラプソディー」の最後の部分だ。

練習のとき、李香蘭はしきりに首をかしげ、

「先生、このリズム、なんだか歌いにくいわ。お尻がむずむずしてきて、じっと立ったままでは歌えません」

と言う。

ぼくは、胸中、会心の笑みをもらした。今は戦争中で、敵国アメリカの新リズムと

は言えない。しかし、いつかは日本でも使える日がくるだろう。じっと立ってではなく、思いきりステージを踊りまわってブギウギが歌える日がくるだろう。そうあって欲しい、と心から念じたものである。(『ぼくの音楽人生』)

この回想はやや後付けの感じもあるが、ともかく、服部がブギウギを「アメリカの新リズム」で、ステージで「歌って踊る」ものと捉えていることがわかる。なお、この演奏会も含む上海での服部の活動についても、先に紹介した上田賢一『上海ブギウギ1945』を参照されたい。「夜来香ラプソディー」は何度か復刻演奏も行われている。

さらに戦後の『ジャズ・カルメン』でも「トランプのコーラス」「闘牛士の歌」で取り入れている。

「三度、テストは行なっていた。今度は、いつ、ブギのリズムで流行歌を作るかということである」として、「それより少し前」にジャズ評論家で「雨のブルース」の作詞も手掛けた野川香文と夜の銀座を飲み歩いていた際のエピソードが自伝に記されている。「こんな女に誰がした」という歌詞の「星の流れに」がどこからか流れてきて、服部が「焼け跡のブルース、というのはどうだろう」と言うと、野川は、「いや、今さらブルースではあるまい。それに、今はブルースを作る時機ではない。ぐっと明るいリズムで行くべきだ」

と答え、それに対して「それならブギウギがいい」と意気投合して「まるでミュージカルの主人公のような足どりで銀座の舗道を踊り歩いた」という。このエピソードの中では笠置への言及はなく、「流行歌」と限定していることからも、笠置の「センセ、たのんまっせ」より前だっただろう。実際、服部の作品リストには、「東京ブギウギ」以前の一九四六年に「神戸ブギ」なる曲が笠置シヅ子で録音されたとある。このレコードは見つかっておらず、発売されなかった可能性もある。いずれにせよ、服部がブギウギのリズムを用いた新曲を計画していたことは疑いない（本章末に追記あり）。

電車の振動音が生んだ「東京ブギウギ」

服部が実際に「東京ブギウギ」の着想を得たのは、「笠置シヅ子の再起の曲を引き受けて間もなく」、コロムビアで「胸の振子」を録音した帰りの終電に近い中央線の中だった。服部楽曲中のメロウでセンチメンタルな方向では一、二を争う名曲（凡庸な評価だが、個人的には「蘇州夜曲」と「胸の振子」がツートップだと思う）を録音した余韻の中で「東京ブギウギ」が発想されたというのはあまりに劇的だ。

レールをきざむ電車の振動が並んだつり革の、ちょっとアフター・ビート的な揺れにかぶさるように八拍のブギのリズムとなって感じられる。ツツ・ツツ・ツツ・ツツ……ソ、ラ、ド、ミ、レドラ……

電車が西荻窪に停るやいなや、ぼくはホームへ飛び出した。浮かんだメロディーを忘れないうちにメモしておきたい。駅舎を出て、目の前の喫茶店『こけし屋』に飛び込んだ。ナフキンをもらって、夢中でオタマジャクシを書きつけた。

『サンデー毎日』一九四八年五月一六日号「ブギウギ由来記」にはもう少し詳しく、「『ソラドミレドラ』というテーマメロディ」と「『リズム浮き浮き心ずきずきわくわく』という一種の語呂合せのような詞」が頭に浮かび、「歌詞も無いのに自然に、第二テーマに続くヴァリエーションが流れ出た」という。そして「この一連の語呂合せのような詞を生かしてこのメロディに相応しい歌詞を書いてくれ」とコロムビアに出入りしていた鈴木勝《まさる》に依頼する。禅をアメリカに広めた鈴木大拙の息子である鈴木勝については山田奨治《しょうじ》『東京ブギウギと鈴木大拙』を参照されたい。クレジット上の作詞家は鈴木だが、「リズム浮き浮き心ずきずきわくわく」という決定的な一行が服部由来であることは重要だ。

G・I熱狂のレコーディング

こうしてできた「東京ブギウギ」は、一九四七年九月一〇日に録音される。そのときには、語学に堪能な鈴木の宣伝で米兵たちが大挙スタジオにやってきた。スタジオは内幸町の東洋拓殖ビルにあり、その隣の政友会ビルは接収され占領軍の下士官クラブとなっていた。

鈴木勝は責任を感じている。二、三人の親しい者に声をかけたはずが、下士官クラブをカラにしたばかりか、近くに点在する将校宿舎や軍属《シビリアン》クラブからも音楽好きが噂をきいて押しかけてきている。懸命に静粛を呼びかけていたが、心配は無用だった。指揮棒がおろされると、ぴたりと私語がやみ、全員のからだはスイングしているが、セキ一つ出さない。

笠置シヅ子のパンチのある咆哮のような歌唱、ビートのきいたコロムビア・オーケストラ、それを全身で盛り立てている大勢のG・I、最高のライブ録音のムードだった。OKのランプがつくと、真っ先に歓声を上げたのは、ぼくたちではなく、G・Iたちであった。たちまち「東京ブギウギ」の大合唱だ。ビールやウイスキーや、チョコレートや、そのほか当時の日本人には貴重なものがどんどんスタジオ内に運びこまれ、期せずして大祝賀会になってしまった。
ぼくは、ビールに舌つづみをうちながら、「東京ブギウギ」がアメリカ人にも通じた喜びをかみしめていた。（『ぼくの音楽人生』）

これらのエピソードから、「東京ブギウギ」がまずはレコード用の流行歌として企画されたことがわかる。これは笠置のキャリアにとって例外的だった。録音は九月だが、レコード発売予定は翌年一月だった。かなり間があるが、当時のレコード原料不足によるものかもしれない。

発売までの間に「ステージで反応を見ることにした」として、まず大阪の梅田劇場で、「セコハン娘」とともに披露されている。最初の舞台が大阪なのが面白い。「これは大成功だった。大阪人は時流に敏感なのか、乗りやすいのか、はたまた東京……というタイトルに魅力を感じるのか、「東京ブギウギ」は大阪で火がついたのである」。

「時流に敏感」「乗りやすい」はそうかもしれないとして、大阪人が「東京」というタイトル自体に魅力を感じるとはあまり思えない。「東京ブギウギ」の歌詞は、「東京行進曲」「東京音頭」「東京ラプソディ」などとは異なり、具体的な地名や風物を全く含んでいない。「リズム浮き浮き心ずきずきわくわく」という冒頭の決定的な「語呂合わせ」から始まり、「海を渡り」「世界は一つ」「世紀のうた」といった、焼け跡だらけの現実とはかけ離れた誇大妄想寸前の気宇壮大な言葉の中に「東京」だけが投げ込まれている。その点では、これ以降各都市について、具体的な風物を織り込んで作られるご当地ブギとは一線を画している。やや性急な推測だが、この「東京」の抽象性は、この曲が具体的な場所の文脈から離れて広く流行したひとつの要因ではないか。大阪での好評はそのことを物語っているのかもしれない。

漫画家たちも応援隊に

「東京ブギウギ」の東京初演は、日劇で一〇月後半から翌月前半に行われた漫画集団の企画「踊る漫画祭　浦島再び龍宮へ行く」だった。漫画集団は、杉浦幸雄、近藤日出造《ひでぞう》、横山隆一などによる漫画家のグループで、服部は「「東京ブギウギ」流行の陰の功労者」としている。一九六〇年代以降、週刊連載の子供漫画が漫画の中心とみなされるようになるまでは、時事的な社会風刺を含む大人漫画が漫画界の覇権を持ち、漫画集団はそのボス的な存在だった。この公演を企画したのは『サンデー毎日』で、大手週刊誌の肝煎りで日劇公演を行っていること自体が、漫画集団の知名度と影響力を示している。

団体の機関誌といえる『漫画　見る時局雑誌』一九四七年一二月号には、メンバーの富田英三《えいぞう》（のちにゲイ文化に関する先駆的なノンフィクションを多く発表する）による手記「若さと色気のプラスー日劇出演を決算するー」が掲載されている。かなり辛辣な評価の中で、笠置の「東京ブギウギ」だけが好意的に評されている。ちなみにここでは「ヴギウギ」と記されており、この表記はこの後も散見される。英語の原綴（boogie-woogie）に馴染みがない多くの人にとって、「ウキウキ」という語感からの連想が強く働いたのかもしれない。

日刊新聞の二三はこのレビューを評して「漫画集団としては智恵のない…」とか「所詮は笠置の一人舞台…」などといわば憎まれ口をたたいていたが、事実はおおせのとおりで、あとに残るは服部良一作曲するところの世にも煽情的な『東京ヴギウギ』のメロディと、これをマーサ・レイ張りにおどけ散らして唄った笠置シズ子の発散するビールの泡のような体臭、そして、笠置とは水と油の少女歌劇的な、余りにも少女歌劇的な川路龍子への可憐な少女ファンたちの気なげ「ママ」にも日参する邪宗門的な狂気沙汰であった。

ここで笠置が少女歌劇的な可憐さと正反対の存在として位置づけられているのが面白い。新聞の「憎まれ口」としては、一〇月二四日の読売新聞で「漫画集団の面々がカストり片手にデッチあげたとおぼしき日劇の『踊る漫画祭』はこちらも酔眼モウロウでみるべし、ただ笠置シズ子が出産後初出演でひとりモヤモヤした空気をふきとばす」との評がある。

富田の手記の結論部では、「漫画家の芸術的な醱酵をこの上演中に求めることだけは無意味であった」としながら、「笠置の颯爽たる唄と踊の中から色気を思う存分吸いとった」と評している。

映画『春の饗宴』

その後、「東京ブギウギ」はレコード発売に合わせて東宝の正月映画『春の饗宴』(一九四八、山本嘉次郎監督)で用いられている。多くの観客動員が見込める正月映画での起用は、この時点での笠置の人気を示すのみならず、周到なプロモーション戦略が存在していたことを暗示する。映画の中で笠置はアンコールに応える、という体で一旦袖に下がり、衣装を着替えてイントロの最後で舞台に飛び出し、バックのダンサーの振り付けとは関係なく自由に踊り、歌い、レコードにはない「ギャー」という奇声を発して終わる。この圧巻の映像は、レコードで聴くのとは全く違う躍動感に満ちている。実際の舞台はどんなにすごかっただろうと思わざるをえない。

服部の自伝では、「この歌が爆発したのは、やはり日劇三月の『東京ブギウギ』であった」としているが、これには疑問がある。というのは、当時の広告と公演記録を見る限り、なんと三月二日から二二日までのこの公演に笠置シヅ子は出演していないのだ。三月一日付読売新聞には東宝舞踊団公演『東京ブギウギ』の広告が掲載されている。「ニュールックショウ」「レヴュウで描く東京狂躁曲」のコピーで、出演者には淡谷のり子、橘薫、坊屋三郎、山茶花究、暁テル子（表記は「照子」）の名が掲載されている。『東宝50年　映画・演劇・テレビ作品リスト』の出演者欄でも「淡谷、暁、坊屋、山茶花、橘、中村［笑子？］、東宝舞踊団」となっている。この顔ぶれだと「東京ブギウギ」を歌ったのは暁テル子だろうか。

とはいえ、日劇で「東京ブギウギ」をブレイクさせたのは笠置以外の歌手だった、ということではないはずだ。日劇ではその前月、一月二八日から二月一五日まで、笠置シヅ子主演の『キューバの恋歌』が上演されている。音楽担当は服部ではなく山内匡二だ。「キューバの恋歌　主題歌集」と題されたパンフレットを見ると、三つ折りの見開きで各景の概要とともに山内作曲の主題歌が紹介されており、「東京ブギウギ」の景はない。しかし折りたたんだ裏面には「笠置シズ子　春の饗宴より」と大書されて映画のスチル写真と「東京ブギウギ」の歌詞が大きく掲載されている。このことから、アンコールのような形で（おそらく『春の饗宴』の映画のシーンのように）「東京ブギウギ」が歌われたことが容易に推測できる。

笠置の主演公演に続けて、笠置不在のまま、曲の人気にあやかる形で舞台の『東京ブギウギ』公演が行われたとすれば、その主役にあてがわれた淡谷のり子は心中穏やかではなかっただろう。その後の笠置批判の火種のひとつになったのかもしれない。

ただし、舞台公演の計画は当然数ヶ月前から行われるだろうから、三月の『東京ブギウギ』公演を企画し始めた時点では、まだ笠置とブギウギは決定的に結びついているわけではなかったようだ。服部の作曲家としてのスタンスからすると、ある曲を多くの歌手が歌うことで曲そのものが流行してゆく、というあり方のほうが望ましいだろう。これは、当時占領軍放送を通じて直接接することが容易になったアメリカのポピュラーソングのあり方とも重なる。

ブギウギ大ブレイク――「ジャングル・ブギー」「さくらブギウギ」「ヘイヘイブギー」

いずれにせよ一九四八年初頭から、「東京ブギウギ」は笠置シヅ子の歌として爆発的に流行していった。それを受けて同年四月には、黒澤明監督の『酔いどれ天使』のために「ジャングル・ブギー」が作られる。黒澤自身の作詞で、「腰の抜けるような恋をした」「骨のうずくような恋をした」という元の詞に対して、笠置は「えげつない歌、うたわしよるなア」と溜め息をつき、「骨のとけるような恋をした」「胸がさける程泣いてみた」と修正したという。これがデビュー作となる三船敏郎が、笠置の咆哮にあわせて、ほとんど暴力的に激しくジルバ（ジターバグ）を踊るシーンは鮮烈そのものだ。プロットの中では否定されるべき「悪徳」を象徴するシーンだが、笠置と三船の存在感が説話構造をはるかに凌駕している。この傑作は、彼女の歌手引退からインターネットの普及までの間、動く笠置シヅ子を見ることができる数少ない機会を提供していたと考えられる。俳優としての三船敏郎の危険な雰囲気と身体的な魅力を十分に輝かせたという点でも「ジャングル・ブギー」の文化史的な重要性は絶大だ。同曲は、九月の日劇公演『ジャングルの女王』でも用いられ、一一月にはレコードも発売されている。ジョセフィン・ベーカーや、当時ハリウッドで最もギャラが高かったという〝ラテン娘〟のカルメン・ミランダのような、大きな羽根をつけ、エキゾチックさを強調した衣装が印象的だ。

さらに、五月には「さくらブギウギ」、六月には「ヘイヘイブギー」が発売される。「さくら」という題材からして、舞台で歌われたのはもっと早かったかもしれない。

六月末には大映映画『春爛漫狸祭』が公開され、笠置は、戦前の「ホット・チャイナ」の替歌を歌っている。原曲の「チャイナ、チャイナ」の連呼はここでは狸祭にあわせて

映画『酔いどれ天使』での「ジャングル・ブギー」歌唱シーン。A

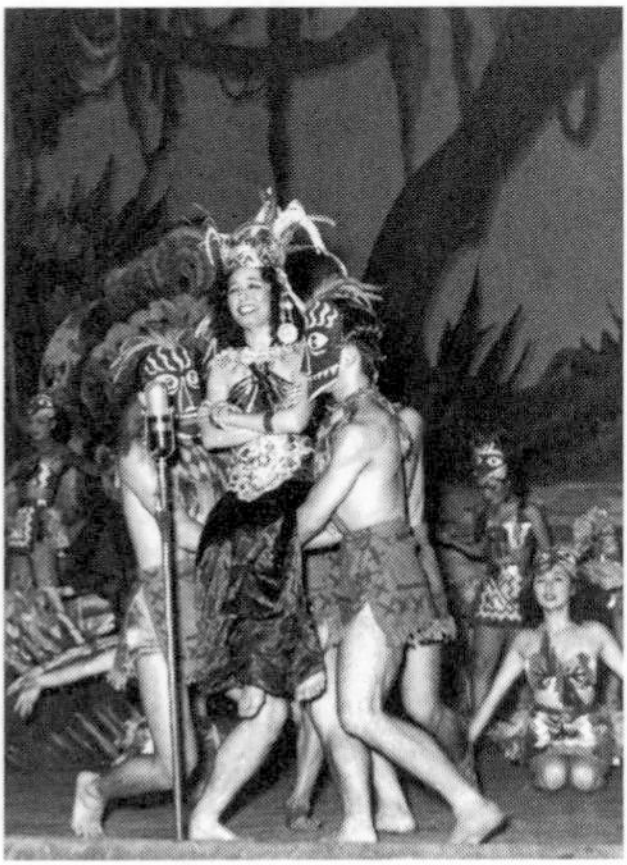

日劇公演『ジャングルの女王』での笠置。この頃には「ブギの女王」と呼ばれるようになっていた。A

「ポンポコ、ポンポコ」あるいは「カムカム、カムカム」と歌われる。「カムカムエブリバディ」と狸の連想は、「証城寺の狸囃子」の節に「カムカムエブリバディ」と当てた平川唯一の「ラジオ英語会話」（通称「カムカム英語」）を下敷きにしているだろう。編曲は戦前のものとほぼ変わらないが、曲中で「踊るリズムはブギウギ」と歌われており、これが「ブギウギ」であることがはっきり示される。この頃には、笠置とブギウギの観念連合が確立されたようだ。逆にいえば、笠置の存在自体がブギウギと同一視され、彼女が歌う陽気でリズミカルな楽曲は、戦前の「スウィングの女王」時代の曲も含めてなんでもブギウギと呼ばれるようになる、ということでもある。

文化人たちの反応

九月には早くも『歌う自画像　私のブギウギ傳記』が刊行されている。これは、彼女の生い立ち、エイスケとの悲恋、忘れ形見の一人娘ヱイ子への愛情を中心としたもので、この自伝出版以降、舞台では大口を開け陽気に歌い踊り叫ぶが、楽屋では乳飲み子に母乳を与え、女手一つで愛娘を育てる健気で古風な女性、という彼女のイメージの雛形となる。

この自伝に推薦文を寄せているのは、作家の林芙美子、戦前の吉本興業企画課長で当時芸能新聞『スクリーン・ステージ』編集長を務めていた旗一兵、そして服部良一とエノケンの四人。それぞれの推薦者の文言は、当時の笠置の位置づけを想像する上でどれも示唆に富むが、作家の林芙美子が「文化人代表」のような形で入っているのが目を引く。

「巴里風の湯気　笠置シヅ子の印象」という題のとおり、漢字カタカナおりまぜて「パリ風」「パリ」「巴里的」「巴里風」を短い文章の中に七回連発して、笠置がいかに「巴里的」であるかを語る。「彼女がパリで生まれていたならばと、私はふっとパリの小さい寄席の数々を思い出していた。これは日本でただ一人のオトナの歌うたいであり、貴重な歌手だ」と評した後にジョセフィン・ベーカーを連想しているのも面白い。

笠置と林は、自伝の刊行とおそらく前後して、娯楽雑誌『鏡』創刊号（一九四八年七月）で「体当り人生談」と題された対談を行っている。全四頁の特集で、「歓談八時間」に及んだという。リード文は「いつの場合も人生に向ってさばさばとした飾りっけなし、裸で体当りしてゆく生き方が、こんなに似ている二人も稀らしい」と、二人の類似性を強調する。挿絵を漫画集団の横山隆一が担当しているのも興味深い。林と笠置の親交はその後も続いてゆく。

林芙美子との親交が始まったこの頃から、笠置はインテリや文化人の間でも話題になり始めている。いわゆる「鎌倉文士」による文芸雑誌『人間』一九四八年五月号（林や川端康成も作品を発表している）には、仏文学者の小場瀬《おばせ》卓三が問答形式「演劇の民衆化」という文章を寄稿しており、笠置に関する「非常にいい話」が冒頭に記される。

A―笠置シズ子が舞台を終えて、楽屋口の所にいた靴磨きの少年に靴を磨かせながら、いましがた舞台で歌った唄を口ずさんだところ、その少年が感激して、その唄をも一度歌ってくれろとせがんだんだ。そこで笠置が歌ってやったところ、通行人でそのぐるりに円陣ができ、群衆がそれに和して歌ったというんだ。

B―なるほどね。

A―民衆劇場の「破壊」は八万数千の入場者を得て新劇のレコードを作りそうだが、新劇が大衆に及ぼしている影響なんてものは、笠置シズ子や、エノ健や、金語楼といった連中が持っている魅力に比べたら問題にならんのじゃないかね？

B―そこから君の持論の、空気座やエノ健の方が民衆的で、新劇は少数のインテリの演劇に過ぎぬという議論が出てくるのかね？

A―だって事実は何よりも雄弁だからな。

文中では、Aは現実の大衆文化を肯定的に捉える人物として、Bは新劇を信奉する左派系のインテリとして描かれている。後半では、Aの「笠置シズ子は大衆が自然に和してくるような唄を歌っているんだ。彼女の方が偉大なる大衆の感情の組織者だよ」という発言に対し、Bは「彼女の唄ってのがどんな歌だったかは知らんが、恐らくセンチな、頽廃的な唄ではなかったかと思う。（そうでなかったら失礼。）先もいったように、大衆というものは、卑俗な感情と低い知識を持つようにしいられている」と反論している。全体としては、Bの嫌味で教条的な態度が浮かび上がるように書かれている。Bの立場、つまり現今の大衆文化は産業によって操作されたものであり、とりわけセンチメンタリズムと頽廃性を特徴とする、という視点は、当時の代表的な音楽評論家園部三郎を筆頭に当時の左派インテリに広く共有されていた。

笠置は「戦後文学」を論じる中でも言及される。文芸雑誌『風雪』一九四九年二月号では、独文学者の平田次三郎《じさぶろう》が「反『戦後文学』派」というコラムを寄稿し、オスカー・ワイルドの翻訳者として知られる西村孝次《こうじ》が「戦後文学論」（『新小説』一九四八年一〇月号掲載だが未見）で笠置に言及した一節をとりあげて批判する。「ぼくはどんなきれいな天使よりも泥んこの人間が好きだ。ぼく自身が泥んこの男なのだ。笠置シヅ子を聞くと、はっとする。戦後文学の一派は、その無学と政治力をもってしてもなおかつ、ぼくのこころの腋の下をくすぐることとすらせぬ」という西村の評言を引いて、「戦後文学は、笠置シヅ子を聞いて『はっとする』ような人の、『こころの腋の下をくすぐることとすらせぬ』のは当然であリましょう」と揶揄する。毛細血管がいっぱい詰まってるとこ、と思わずひとりごちてしまったがそれはさておき、これに対して同誌四月号では、西村孝次自身が「戦後ブギウギ派」という反論を寄稿し、「もとはといえばぼくが笠置シズ子を引合に出したればこそである。それがいけなかった。誰か片仮名の『進歩的な』音楽家の名を勿体ぶって出してでもおけば、ただのインテリにすぎぬ紳士あたりによろこばれたであろうに」とあてこする。笠置にとっては流れ弾に当たったようなものだが、「肉体」や「生活」を重要な争点とする「戦後文学」のあり方を論じる中で笠置が象徴的に取り上げられていることは注目に値する。

戦後文学と笠置を対置する論としては、少し後になるが鶴見俊輔の「笠置シズ子の意味」が決定的だ。一九五一年八月の大阪毎日新聞への寄稿が初出だが一九五四年の『大衆芸術』や一九六七年の『限界芸術論』といった思想史的に重要な書物に再録されている。

笠置シズ子は電光のように直接的に、新しい福音を投げかける。人々それぞれが幸せになるべきだという信念が照射される。

舞台や、ラジオや、映画や、レコードや、日本国中津々浦々のどことも分らぬ地点にしっかりと立ち、自分の人柄そのものによって代表される新しい思想を、おしみなく、すべての人々に投げ与える。他人とことなるものとしての強い自己があり、その自己をおしみなくあたえる——これは、日本の思想にまだなかった一つの心性だ。(略)

太宰治とか、田中英光《ひでみつ》とか、無用意の反逆を旧日本に対して試みては敗北し自殺する日本の知識人の系譜をふりかえるとき、かぎりなく自己更新の力を持ち、決して自殺しないかまえを持つ近代文化を代表するものとして大阪の生んだ天才、笠置シズ子や横山エンタツの意味が理解される。これらの人々が幾分なりとも大阪の土地がらに根ざすとするなら、ぼくたちは大阪型の近代に学ぶところがあってよいと思う。

太宰治と田中英光の組と、笠置シヅ子と横山エンタツの組の対比は鮮やかだ。「人々それぞれが幸せになるべきだという信念」にせよ、「決して自殺しないかまえ」にせよ、「大阪型の近代」にせよ、まさに我が意を得たり、というところだ。かの鶴見俊輔に対していうのもおこがましいが、さすがである。

「姐さん方」のアイドルに

「東京ブギウギ」のヒットと同時に、笠置と「パンパン」の連想もはっきりとあらわれている。一九四九年五月三〇日付読売新聞には、「シーちゃんしっかり」「ブギの女王と夜の女たち」と袖見出しがついた「笠置に贈る花束」という記事が掲載されている。五月三一日から一週間、日劇で「歌う笠置シズ子」と題したリサイタルが上演されているので、一種のパブリシティ記事だろう。リサイタル前の五月下旬の公演『ライラック・タイム』では灰田勝彦と共演しており、記事では「久し振りに笠置の出演」とされている。

その公演中の五月一九日、「有楽町、横浜、大宮から集った夜の女たち」が七〇余名日劇に集まったが、肝心の笠置は前日にオーケストラ・ボックスに落ち休演していた。翌日改めて二八名が観劇し、フィナーレで共演の灰田勝彦に花束が捧げられるのに笠置への花がなかったため、「そこで彼女らのリーダー格のラク町のおよね姐御は直ちにアタシたちのシーちゃんのために大きな花輪を贈ることを提案」し、結局、花輪ではなく翌日のフィナーレに花束を渡した。「この好意に深くうたれた笠置はなんとかお礼をしなければならないと考えていたが、彼女らの更生施設『白鳥会館』が来月十五日落成式をするのでそこで数々の歌をうたって彼女らと一日を過すことを約した」という。「子供を抱えて女手一つで生活をつづけている笠置の境遇はいたく彼女らの同情を集め、笠置を日本一の歌手に育てあげようというのが彼女らの悲願」であり、笠置は、「毎日二、三十の人たちが団体で見てくれはりますが、そのお金がみんな血の出るような貴いものなので泣けてしょうがおまへん」と語っている。

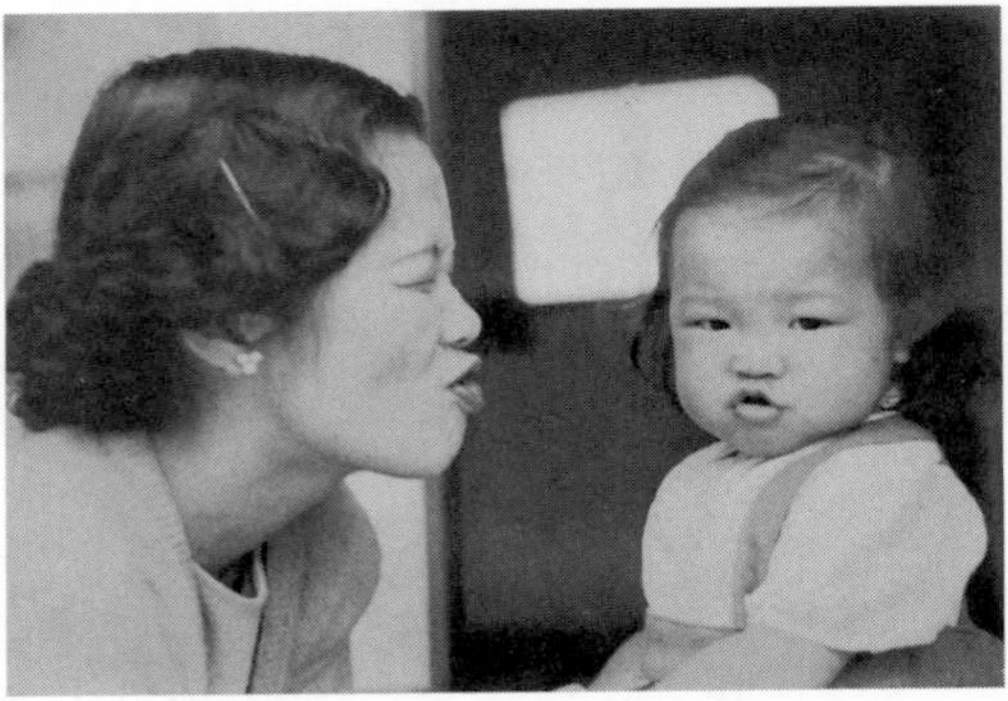

愛娘のヱイ子と笠置。公演の幕間には楽屋に走り帰り、ヱイ子をあやし、乳を含ませていたという。A

当時の思潮とも関わっているだろう。

東宝の秦豊吉（敗戦直後は公職追放で離れていた）も著書『芸人』の中で、笠置について、「笠置の全身を貫く芸人魂、他人に負けずに驀進しようとする魂は、はっきり芸人の魂だ。これが舞台から見物に真向からぶつかってゆくから、一番先に丸の内の姐《ねえ》さん方がファンになって、花束を投げつけるという風景になった。世界の芸人で姐さん方が劇場に押しよせて歓声を挙げるなんて例は、どこにもありはしない」と評している。「姐さん方」とインテリを同時に惹き付けたことは、笠置の受容の大きな特徴といえるが、同時にそれは、既成の秩序が解体し、肉体的なもの、逸脱的なものが知的に称揚された

「流行歌」批判者の評価

「パンパン」と笠置の観念連合は、『人間』一九四九年九月号に掲載された南博・鶴見俊輔・加藤周一の鼎談「日本的感覚・意識について」でも強調される。両者をつなぐキーワードは「生活力」だ。南は「笠置シヅ子のブギウギ」は、闇屋、新興成金、パンパンなどへの肯定的な態度と共通する「生活力への崇拝」であるとする。「ああいうエネルギッシュなものに対するあこがれ、自分はしたくても出来ないけど、読んだり見たりするだけでもちょっと愉快になるんだ。それから解放感。笠置シヅ子が自分の代りに舞台で勝手なことをしてくれるというわけだ」。しかしそうした傾向は、「一般に生活力が上ったのか、闇屋やパンパンの生活力が下ったのか知らないがブギウギ式のものがだんだん落ちて来た」としている。

ちなみに南は、歌詞の語句の調査を通じて流行歌の低俗性と頽廃性を批判した「日本の流行歌」を『思想の科学』一九五〇年第二号に寄稿しており、この論文は当時の大衆文化に関する広汎な研究『夢とおもかげ』に収録されたことでその後の流行歌批判の雛形となってゆく。

流行歌批判者による笠置への肯定的な評価は他にもみられる。『改造文芸』一九四九年九月号に掲載された辰野隆《ゆたか》（仏文学者）・荒垣秀雄（ジャーナリスト、朝日新聞「天声人語」を担当）・高田保（随筆家）の鼎談では、辰野がエノケンと笠置シヅ子の『お染久松』（一九四九年七月有楽座公演）について、「僕は初めて見たんですがね、面白いですね」と語る。「というのはね、僕は義太夫っていうのが昔から嫌いなんだ。梅忠だとかお染久松なんて、ちっとも面白くないね。ところがエノケンのを見たら、お染久松も面白いなと思ってね」という辰野の発言に対して、荒垣は「アプレ・ゲールですからね」、高田は「あれはパロディですから」と応じている。「アプレ・ゲール」はフランス語で「戦後」を意味し、戦後に登場した無軌道な若者を指す流行語だった。笠置の曲では「モダン金色夜叉」であっさり金に転ぶお宮を「アプレゲールは金次第」と歌っている。

この話題はあまり展開されないが、ほかならぬ辰野隆が笠置とエノケンの『お染久松』を評価していることは非常に興味深い。というのは、辰野は義太夫やその流れを汲む（と彼が考える）日本の流行唄全般を否定的に「乞食節」と呼んだ人物だからだ。この語は当時徳川夢声が感傷的な日本の流行歌を批判して頻繁に用いたことで、流行歌批判の紋切型となっていた。辰野はエノケン・笠置による文楽のパロディを「乞食節」とは異なるものとして評価しているのだ。先の南にしても、一般的な流行歌の感傷性を激しく批判する論者が笠置を評価していることは、笠置のブギウギは、レコードを前提とする流行歌とは違う経路で、舞台（あるいはスクリーン）で歌い踊る圧倒的な肉体を伴って流行していった、ということを物語っている。

もうひとつの「ブギウギコンビ」――エノケン劇団

流行歌を「乞食節」と嫌悪する辰野隆さえも評価した笠置とエノケンの共演は、一九四九年から本格的に展開した。戦後初期を代表する芸能雑誌、『平凡』一九四八年一二月号では、「ブギウギコムビ爆笑対談」として、エノケンと笠置の対談が掲載されている。内容は他愛ない、というよりとりとめのないものだが、六頁を使ったこの号の目玉だった。芸歴や格ではエノケンが上だが、「ブギウギコムビ」と銘打たれているところからも、二人は対等かむしろ笠置の人気のほうが高かったことをうかがわせる。これは一九四九年の正月公演の告知のパブリシティの性格を持っていたようで、日劇『歌う不夜城』、有楽座『愉快な相棒／江戸育お祭り三太』の両方にエノケンと笠置の名前が見える。有楽座はエノケン劇団に笠置が特別出演する形だ。二人の売れっ子ぶりがわかる。

一九四九年七月、有楽座で一ヶ月の長期公演で行われたエノケン・笠置の『お染久松』は、文楽で有名な心中を題材とする世話物の翻案で、結末も含めて大幅な改変が施されている。これは同年、あきれたぼういずの助演で映画化されており、DVDも発売されている。『お染久松』に題を取った戦前の東海林太郎のヒット曲「野崎小唄」や、「ホームラ

映画化もされた『お染久松』をはじめ、エノケンとのコメディ共演は幅広い層に支持された。A

ン・ブギ」の替歌、ショパンの「別れの曲」の替歌など、服部の音楽も楽しい。

文楽や歌舞伎でよく知られた題材を用い、大胆に現代的な改変を施し、和洋折衷の音楽をふんだんにとりいれて、エノケンと笠置がそれぞれのキャラクターを活かして演じるエノケン劇団での笠置の芝居は、レヴューとは異なり、やや年齢層が高く、在来の芸能に通じた観客をも惹きつけたようだ。

作家の吉川英治は、『婦人生活』一九四九年一〇月号に「菊五郎氏の死と笠置シヅ子」と題した「芸道随筆」を寄稿している。『お染久松』公演期間中の七月一〇日に死去した六代目・尾上菊五郎を追悼しつつ、「かれの盛大な葬儀に列した同じ日の午後、私は、六代目の死とはまったく対蹠的な、笠置シヅ子を、有楽座で観た」ことを記す。

笠置は、愉快な存在である。たしかに今日の女の子だ。かの女に向いあった楽しさは、こちらに何の反発も起させず理窟も無しにただ同化して居られることである。あの肉声とあの奔放さは、舞台を、自然の野として、ありッたけな生理を以てする人間性の底のものに通じている。それは、原始的でさえある。原始の野の太陽と、裸の子を想わせるのだ。アプレゲール派の何だとかいう作為的芸能に属するものではなく、もっと遠く遥かに起因する潜在的な庶民意志が、突然のように、時に会って、温泉のように噴き出たものだと思う。

「潜在的な庶民意志」が「温泉のように噴き出」す、という評言はさすが『宮本武蔵』の作家だ。吉川は、「私は心を素裸《すっぱだか》にして有楽座を呼吸した」とし、「笠置の大きなお唇《くち》は、たしかに何か庶民の吐きたい声を有りったけな体力で歌っているものだった。二時間半、そこを出ると、私も何か、曠野で声を張り上げた後のような爽快さを覚えた」。さらに、六代目亡き後の歌舞伎と笠置を比較し、「むしろ私は、その日だけの感想でいえば、笠置シヅ子の生命の方を敬愛する」とした上で、「ともかく、彼女の芸能には、菊五郎氏にもあった情熱がある。まったく相反した形態と内容のものでありながら、舞台使命の上において、この古今二つの対蹠的な生命が、やはり一つだということはおもしろいことだと思った」と結ぶ。

ちなみに吉川は一九四八年の文化芸能関連の高額納税者第一位(二五〇万円)で、その次が笠置シヅ子(二〇〇万円)だった。二人は翌年もそれぞれの分野の第一位だった。

当時民主自由党の衆議院議員だった辻寛一(アニメと特撮の脚本家で推理作家の辻真先の父)も『お染久松』に言及している。随筆「シェクスピアと浪花節」(随筆集『議員宿舎』所収、初出は『国会』一九四九年一一月号)において、同年に共産党への集団入党が話題となった前進座が、その実「古典」の保存に汲々としていることを揶揄して、「先日、有楽座でやったエノケンと笠置シズ子の『お染久松』の方が、時代感覚では、一歩前進だと思う」とあてこすっている。

文楽や落語の評論家として知られる安藤鶴夫は、いかにも彼らしい観点からエノケン劇団での笠置を評価している。

> 血の出るような苦労の果てに、どッかり人生の舞台に胡座をかいた大姐御笠置シヅ子に、僕が時々ほろりと泣かされるといったら、笑われるであろうか。笑われても仕方がない、現に初春の有楽座〝ブギウギ百貨店〟で、笠置の女社長がエノケンのアル

バイト学生を、旭輝子の女店員に譲っちまって一人舞台になり〝わてはアホやな〟といった途端に暗転になったら、僕はほろッと泪が出た。笠置のうたう服部メロディには、多分に日本俗曲の音遣いがただよい、それが魅力になっていることを、意外に気のつかない者が多い。(『漫画　見る時局雑誌』一九五〇年二月号)

「笠置のうたう服部メロディ」における「日本俗曲の音遣い」の指摘は、「買物ブギー」以降の服部・笠置コンビの方向を先取りする慧眼といえる。

拡張する「ブギウギ」

こうして笠置が「ブギの女王」としての地位を確立し、またエノケンとのコンビで在来の演目を読み替えて演じるのと同時に、一九四九年に入る頃から「ブギウギ」が笠置以外の演者によっても演じられるようになる。日劇の一九四八年年末公演『世界のクリスマス』で「七面鳥ブギ」を踊った京マチ子が注目を集める。『面白倶楽部』一九五〇年二月号には「清純な肉感　京マチ子出世ロマンス!!」という惹句で「踊れ!!七面鳥ブギ」という記事が掲載されている。そこでは京マチ子「アプレゲールの女王を、笠置シヅ子から奪いとりそうなニュー・フェイス」とされ、笠置と同じ大阪松竹少女歌劇団の出身であることを強調して、「O・S・Kの舞台から歌い出た笠置シヅ子、踊り出た京マチ子、この二人の大阪娘、ブギの女王達」と並べられている。このことから、当時のブギウギは、あくまでも舞台で歌い踊られるものとして理解されており、音楽スタイルに還元されるものではなかったことがうかがえる。

その一方で、服部は、笠置以外の歌手で音楽としてのブギウギの可能性を探求しようとしていた。一九四八年末には服部はビクターともコロムビアと同条件で契約を結び、翌年初頭以降、暁テル子「これがブギウギ」、市丸「三味線ブギウギ」、高峰秀子「銀座カンカン娘」など、ブギウギのリズムを用いた曲を録音している。

「銀座カンカン娘」を歌った高峰秀子は、笠置のファンであることを当時から随筆で記していた。『鏡』一九四八年一二月号の「デコの落書帖」には「私はエノケンと笠置シズ子が大好きです。見ていると、文字通り泣けて来る。胸の中が、あったかい悲しいアブクで一ぱいになり、ある時は口をあんぐりあけたまゝあるときは顔中馬の如き歯をむき出しにして私の全部がステージに持ってゆかれ、何もかも忘れてしまう」とある。『令女界』一九四九年九月号では、「初夏の撮影所より」と題した手記で、『銀座カンカン娘』の映画について記している。「今度は、私の大好きな笠置シズ子さんと長い間の夢が実現して、一緒に出られるので、何よりも嬉しいし、灰田のトシチャン(勝彦)や岸井のアーチャン

(明)とも久し振りなので、撮影開始の日が待たれてならない」。

なんとも心躍るこの四人が共演する新東宝映画『銀座カンカン娘』(一九四九)は、作品としての出来はさておき、空襲の跡がまだはっきり残る郊外の街並も含めて当時の東京の雰囲気を堪能できる。取ってつけたような演出ながら動く古今亭志ん生の落語が見られるのも貴重だ(しかしあの終わり方はないと思う。気になる方はぜひDVDを御覧いただきたい)。灰田と高峰が歌い交わすカンツォーネ「サンタ・ルチア」の替歌や、貧窮する笠置と高峰が歌う「ワン・エン・ソング」が洒脱だ。せっかくの「ラッパと娘」や「ジャングル・ブギー」がほんの二〇秒ほどで切られてしまうのが実にもったいない。

笠置以外の三人が所属するレコード会社はビクターで、この顔ぶれは服部がビクターとコロムビア双方と契約していたことで実現したと考えられる。「銀座カンカン娘」は「ブギウギ」とは銘打っていないが、服部が捉えたブギウギの音楽的特徴を示している。そしてこの映画の中での笠置は、少なくともブギの歌唱に関しては「寸止め」の感がある。もしかしたら服部は、「銀座カンカン娘」の楽曲と映画を通じて、笠置の「体当たり」とは異なる、音楽的リズムとしてのブギウギの可能性を試したかったのかもしれない。ということで、服部のブギウギ観について次章で検討しよう。

「神戸ブギ」についての追記

本書の校了直前に、服部家の楽譜庫に保管されていた「神戸ブギ」の楽譜が見つかり、その画像を見せていただくことができた。前半のメロディは、のちの「大阪ブギウギ」「名古屋ブギウギ」「ジャブジャブ・ブギウギ」（伊東）などの「ご当地」ブギと類似した短音階あるいは都節風の旋律で、一般的な新民謡に近い。ただし「さあさ歌およ神戸ブギウギ」という後半の繰り返しは、「東京ブギウギ」の最後の「と、お、きょ、ぶ、ぎ、う、ぎ」と同じ二拍三連のリズムが三度繰り返されたのちに、付点つき八分音符で歌われる「新しい港の歌は」を挟んで四回目の「こ、う、べ、ぶ、ぎ、う、ぎ」と二拍三連で結ぶ。次章で論じるように、服部がブギウギのリズムの最も重要な特徴であると考えたピアノの左手のフレーズが詳細に書き込まれており、服部の作曲の主眼がブギウギ・リズムの実験にあったことがはっきりわかる。

後知恵になるが、「東京ブギウギ」の明るく陽気な歌詞と旋律、そしてアメリカ的なＡＡＢＡ形式の均整の取れた構成、それを支える洗練されたハーモニーと比べると、「神戸ブギ」は「習作」の感を持たざるをえない。「ご当地ブギ」の一種としては十分アリだが、率直にいえば時代を画す決定的な楽曲にはなりえなかったろうという感想を持った。

第七章　服部は「ブギウギ」をどう捉えていたか

「ブギウギ」の音楽的特徴

本章では、服部の「ブギウギ」と「リズム」の捉え方についてみてゆく。第二、三章でみたように、服部は戦前以来、日本の民謡や俗謡を積極的に素材として用いてきた。それは、メロディはそれぞれの「民族」に固有のものと考えていたからだ。そうした固有の旋律に和声を付すやり方は、あくまでもメッテルに習ったやり方に忠実だった。服部は西洋近代の和声を普遍的で完成されたものと考えていたようだ。民謡に基づく旋律に西洋近代的なハーモニーを付して芸術的な作品を作るという考えは、服部が教科書としたリムスキー＝コルサコフを含むロシア国民楽派と共通するものでもある。

こうした国民楽派的な音楽観に加え、ダンスホールでの経験に基づいて、ブルースやスウィングやタンゴやルンバなどさまざまな外来リズムを積極的に取り入れることで、服部独自の作曲スタイルが確立されたといえる。そして服部は、本章で論じるようにリズムについて独自の進化論的考えを持っていた。西洋音楽で特権視される三要素(「あらゆる音楽に共通する三要素」では決してない)でいえば、メロディは民族に固有、ハーモニーは普遍、リズムは現在も進歩の途上にある、というのが服部の音楽観だった。「ブギウギ」はそうしたリズムへの関心に基づくものだったが、彼独自の進化論的なリズム観に照らすと、「ブギの女王」笠置シヅ子は必ずしも理想的な表現者ではなかった。この矛盾について考えていきたい。

服部のリズム進化論とそこでのブギウギ観について検討する前に、アメリカ黒人音楽としてのブギウギについて、音楽史的共通了解を確認しておこう。

最も単純化していえば、ブギウギとは二〇世紀の初頭に形成されたピアノで演奏されるダンス音楽である。その音楽的特徴を取り入れたビッグ・バンドの音楽や、のちのギターを中心とした小編成コンボの音楽もそのように呼ばれるが、基本となるのはその独特のピアノの演奏法、特に左手で奏される低音部だ。アメリカで出版されたブギウギの概説書が *A Left Hand Like God*（神の左手）と題されていることからも左手の低音部の決定的な重要性がわかる。

一小節四拍の四拍子で、各拍ごとに二回、つまり一小節に八回、ピアノの低音を鳴らす。その奏法にはいくつかのバリエーションがある。根音と五度の和音を二回、根音と六度の和音を二回、という基本パターンを繰り返すもの（のちに、ギターの低音で弾く「チャック・ベリーのボトム・リフ」と呼ばれるものの原型）や、一拍ごとに順次音を上下させながら、楽譜でいえば階段状に連続する低音部のラインを作る、つまり一九六〇年代以前のジャズに共通するいわゆる「ウォーキング・ベース」の音の運びをオクターブで交互に弾くものなどがあるが、とにかくピアノの左手が一小節に八回、ずっと鳴っているのが大原則だ。拍の前半が長く後半が短いシャッフル（「ズンタズンタズンタズンタ」と表せる）で演奏されることが多いが、拍を均等に分割する場合もある。

この左手の規則的なリズムの上で、右手は和音の構成音を分散させ転がるようなフレーズを中心に、短い楽句をリズミカルに組み合わせて自由に旋律部を形成する。「ズンタズンタズンタズンタ」の「タ」の部分にアクセントを置いてリズムの変化をつけることが多い。西洋音楽の用語でいう「シンコペーション」というやつだ。

和声は、三つのコードを用いて一二小節からなるいわゆるブルース進行のものが多い。こちらも西洋音楽用語で説明すれば、主和音（トニック）を四小節、下属和音（サブドミナント）を二小節、主和音を二小節、属和音（ドミナント）を一小節、下属和音を一小節、主和音を二小節（または主和音一小節、属和音一小節）となるが、まだるっこしいので、I－I－I－I－Ⅳ－Ⅳ－I－I－V－Ⅳ－I－I（またはV）という表記のほうが馴染みやすいかもしれない。主和音を含むすべての和音に七度（セブンス）の音が加わることが多い。

コンサートがきっかけでブームに

二〇世紀初頭、ローカルな酒場やクラブでの小規模なダンス向けピアノ演奏スタイルとしてテキサスやシカゴやニューオーリンズで実践されていたブギウギが、アメリカ全体でブームとなるきっかけは、一九三八年にカーネギー・ホールで行われた「スピリチュアルからスウィングへ」と題された伝説的なコンサートだった。アメリカ黒人音楽の「進歩」の過程の全体を紹介することを意図したこの公演をプロデュースしたジョン・ハモンドは、大富豪の家の生まれだが、当時のエリート白人としてはきわめて珍しくアメリカ黒人音楽を強く愛好した人物で、後年はボブ・ディランを発掘したことでも知られる。ベニー・グッドマン楽団をはじめ人種混成のスウィング・バンドが台頭する際にも絶大な影響を持っていた。このコンサートには、のちのロック文化の中で神格化されるブルース・ギタリストのロバート・ジョンソンも参加する予定だったが開催前に亡くなっている。このコンサートは、後からみれば、アメリカの国民的な芸術音楽としてのジャズ(スウィング)の流れと、ブルースを象徴的な起源とみなすアメリカ黒人音楽からそれを白人が取り入れたロックンロール(ロック)の流れの結節点であり分岐点でもあったといえる。

このコンサートに出演したピート・ジョンソン、ミード・ルクス・ルイス、アルバート・アモンズという三人のブギウギ・ピアニストが一躍注目を集めた。彼らに影響を与えたピアニスト、ジミー・ヤンシーはすでに引退していたが、彼らの人気によって、ブギウギの元祖として再発見され、一九三九年に復帰し初めての録音を行っている。現代大阪で最も重要なギタリストの一人、松浦真也が「ヤンシー」を名乗っているのは、昔の日本のジャズミュージシャン風に名前を逆に読んだものだろうが（「森田」が「タモリ」になるように）、カントリーやロカビリーの影響が強く感じられる彼の演奏スタイルに鑑みても決して偶然ではないと思っているがどうだろうか。

「スピリチュアルからスウィングへ」コンサートをきっかけに、一種のリヴァイバルとして注目されたブギウギの要素は、当時の主流的なスウィング・バンドにも取り入れられてゆく。特に、八分音符を連続させる特徴的な低音のリフとシンプルな和声進行は、のちのジャンプ・ブルース（第四章参照）や、リズム・アンド・ブルースと総称されるアメリカ黒人の娯楽的音楽につながってゆき、それはロックンロールの最も重要な源流のひとつとなる。

服部が一九四二年頃に入手したというブギウギの楽譜は、そうした、スウィングに取り入れられてアメリカ全土のショービジネスで受容された曲だったろう。自伝では「ビューグル・コール・ブギウギ」と記されているが、これは、アンドリュース・シスターズの大ヒット曲「ブギウギ・ビューグル・ボーイ」のことだったようだ。上田賢一『上海ブギウギ１９４５』によれば、服部良一手書きの「ビューグル・コール・ブギウギ」譜は「ブギウギ・ビューグル・ボーイ」と同じ曲だったという。ジミー・ヤンシーに「ビューグル・コール・ブギ」はあるが、超絶技巧で即興的なこの曲のピアノ譜が当時出回っていたとは思えない。もしかしたら、「ビューグル・コール・ブギウギ」という自伝での記載は、服部が「ブギウギ・ビューグル・ボーイ」と、ベニー・グッドマンの「ビューグル・コール・ラグ」とを混同したのかもしれない。「ビューグル」は軍隊のラッパのことで、スウィングの隆盛がアメリカの戦時ナショナリズムの高揚と結びついていたことを改めて想起させる。

重要なのは、服部にとってのブギウギは、それが元々はピアノで演奏されるものだったことは知っていたにせよ、あくまでもスウィング・バンドが演奏する新たな音楽スタイルだったということだ。特にそれがヴォーカル中心の歌謡的なスタイルで流行していったことは、スウィング・バンドに取り込まれたブギウギが、さらに、より単純で娯楽的なジャンプ・ブルースに変化してゆく過程と重なる。「大阪ブギウギ」の名フレーズ、「あちらでいうたらニューヨーク」を援用すれば、笠置と服部のブギウギは「あちらでいうたらジャンプ・ブルース」といえるかもしれない。ただし、これは現在の歴史的な知見に基づいて解釈した場合のことで、服部自身はおそらくそうした文脈を知る由もなかった。

気の晴れるリズムを欲していた

『サンデー毎日』一九四八年五月一六号に掲載された服部の寄稿、「ブギウギ由来記」は「東京ブギウギ」の流行当初の雰囲気を伝える。

書き出しは「トウキョウ　ブギウギ　リズム　ウキウキ　ココロ　ズキズキ　ワクワク……／東京の子供等は、童謡でもないこの歌を、大人よりも早く唄いだした。子供等には言葉の意味は解らなくても音楽の持つニューアンスは直感するのに違いない、だから『リンゴの気もち』も子供等には解るのだろう」というものだ。歌詞をカタカナで記すことで、「言葉の意味」を超えた「音楽のニューアンス」を強調している。「東京ブギウギ」に先立つ戦後の大流行曲「リンゴの唄」を引き合いに出しているのも面白い。

この記事では、戦中に入手した楽譜のことは言及されておらず、戦後占領の文脈が強調されている。従来「暗い感じ」の曲で「日本人の感傷癖を高めていた自分」は、戦後、「もうブルーステンポの曲を書くのは嫌になって、何か自分の気もちも、世間をもパッと明るく転換させるような曲を書きたいと悩み続けていた」が、その時に「聴くともなくWVTRでブギウギのリズムを耳にして」「自分の心の悩みを解決してくれる」と感じ、「東京ブギウギ」を書いたとする。占領軍放送に触発されて「暗い」戦前のブルースから「明るい」戦後のブギウギに転じた、という流れだ。手記の結論でも占領軍の存在が影を落としている。「愉快なのは進駐軍のクラブでG・Iがジャズバンドに東京ブギの演奏を要求したり、道を走るジープの上から東京ブギの口笛が聞えたりすること」で、「やがて彼等が祖国へ帰った時、日本の想い出話しに混えて、彼等の両親や恋人に東京ブギを唄って聞かせるかも知れないと考えると、今更らながら『音楽に国境無し』という言葉を想い起こすと共に、音楽に志ざす自分の責任を感じる次第である」と結ぶ。

対して、笠置への言及は意外なほどそっけない。「私が求めていた如く、世間も何か明るい感じのものを求めていたとみえ、また笠置シズ子君の好演技も手伝ってか「東京ブギウギ」は作品発表後二三ヶ月で全国的に普及したらしく」という一言に限られている。この時点ではブギウギと笠置の結びつきはかなり強かったはずで、ブギウギが笠置の占有物になりつつあることに対する服部の牽制のようにも読める。

和製英語「エイト・ビート」の由来

この記事で最も重要なのは、服部自身がブギウギをどのように捉えているかを記した部分だ。

ブギウギは「リズム浮き浮き心ずきずきわくわく」という言葉で表現し得ていると思う。聴く者がなんとなく「ウキウキ　ワクワク」するリズム、それが「ブギウギ」だというような説明の仕方もある。がも少し詳しく説明すると「ブギウギ」はエイト・ビート・ミュージックとも云って四分の四拍子を後打ちを勘定に入れて、八つに数えるリズムを持ちブルースから変化した十二小節より成るモチーフによって書かれた曲の総称である。

服部が理解したブギウギの音楽的核心は、「四分の四拍子を後打ちを勘定に入れて、八つに数えるリズム」だった。前述のように英語ではブギウギ・ピアノの左手に由来する特徴的なスタイルを指して eight-to-the-bar（一小節に八回）と呼ぶ。これを曲名に使った“Beat Me Daddy, Eight to the Bar”は多くのスウィング・バンドが演奏していることから、一般にもよく知られた用語だったことがわかる。その意味で服部の理解は正確なのだが、それを「エイト・ビート・ミュージック」と呼んでいるのは服部独自の用法だ。

ブギウギのことを「エイト・ビート・ミュージック」と呼ぶ用法は英語圏では見当たらない。管見の限り、服部によるブギウギの説明以前に、カタカナで「エイト・ビート」という語が音楽に関して日本で用いられた形跡はない。現在でも一般的に用いられる「エイト・ビート」の語は、基本的には和製英語と考えてよく、しかもそれは服部によるブギウギの説明から使われ始めたのだ。

ブギウギを象徴する eight to the bar を「エイト・ビート」と意訳したのは服部の見事な創意工夫、と言いたいところだが、英語としては「エイト・ビート」は不自然だ。「ビート」は基本的な「拍」のことで、「エイト・ビート」をむりやり英語にしてeight beatsとするならば、単に「八つの拍」になる。一方、ブギウギのリズムは一拍を二つに割った八分音符の連続である。四拍子のビートの各拍を分割して「四拍子の一小節に八回」鳴らすことと「八つの拍」では意味合いが全く異なる。

西洋の音符の表記は、四分の四拍子の一小節を基本とし、一小節四拍分の長さを四等分したものを四分音符、八等分したものを八分音符、一六分割したものを一六分音符と呼ぶ。一拍を基準にすれば、八分音符は一拍の二分の一、一六分音符は一拍の四分の一の長さになる。和製英語でいう「エイト・ビート」は「八分音符主体のリズム」だが、それを英語でいえば eighth note feel か eighth note rhythm あたりになるだろうか。単に boogie-woogie rhythm や rock rhythm という場合のほうが多そうだが。

四拍子を基準として四の倍数で小節を分割することで音の長さを表す記譜法や、そもそも音楽的時間を均等かつ線的に区分する「小節」という考え方自体がルネサンス以降のヨーロッパ音楽のあり方を前提としているということは確認しておきたい。このやり方では、一拍を三分割したり五分割したりする音符は例外的な「連符」としてしか処理できないし、たとえば二拍子と三拍子が同時並行する、サハラ以南のアフリカで広くみられ、奴隷化された人々によって南北アメリカ大陸とカリブにも持ち込まれ、多くのポップミュージックにさまざまな形で通底するポリリズムの記述も、不可能ではないがきわめて煩雑になる。

ブギウギは「踊らせる」音楽

これは単なる揚げ足取りではない。いたずらに西洋式記譜法に難癖をつけているわけでもない。なぜなら、服部の「エイト・ビート」理解は、上述のような西洋式記譜法を前提として、音楽リズムが単線的に「発展」する、というきわめて問題含みの（というか端的に誤った）発想と結びついていたからだ。さらに驚くべきことに、この視点に立つとき、服部は、「ブギの女王」笠置シヅ子を「適当なブギ歌手とは思って居な」かったのだ。

一九五〇年三月、『文藝春秋　春の増刊花見号』に、服部良一は「ブギウギ誕生」という四ページの長めの寄稿を行っている。

冒頭に示される主題は「近代に於けるリズムの変遷」だ。服部は、音楽のリズムは、二拍子、三拍子から四拍子を経て八拍子へと至った、とする。

第一次欧洲大戦の後に流行したものは、ラグタイムから発したジャズである。ジャズの流行によって、今までのリズムの形に新しい四拍のビートする感覚を与えた。それまでは所謂、ワンステップ、ツウステップ、行進曲から、欧洲で流行した三拍子のワルツがありそして、四拍子のフォックス・トロット（俗に狐の歩みとも云われ即ち四ツ脚を持つ歩みを云う）まで変遷して来たのである。

今次の世界大戦の後にはアプレゲールの現象として音楽では何が残ったのか、私はここに、ブギウギリズムの重大性を痛感するのである。それは第一次世界大戦の頃から完全に倍のリズム的感覚を持つ時代が来たからである。そして其の最も顕著なものを、ブギウギに見出すのである。八拍云いかえれば八つのビートを感じさせる音楽は、キューバのルムバから、又はビギンやジタバッグから、又はブルースの八つのリズムを持つ変化から、そして最後に完成されたリズムが、ブギウギリズムなのである。

服部は、この変化を踊りと結びつける。「今まで足を交互に踏んで出した二拍から更に歩行以外の身体の動きを加えて四拍のリズムを出し更に人間はこれをもう一つ変化させて、其の倍のリズムを動作と表情に与えることを考えたのである」。それは敗戦後の日本の状況とも結びつく。「敢て、服部良一や笠置シズ子が居なくても、アメリカ人が至る所でジルバ（ジタバッグの事）を踊って居る間は、ブギウギは流行せざるを得なかったと信じている」。

翻って、日本の流行歌は「鎖国的流行歌」であり、「国際的なレベルに達して居ない」としたうえで、「日本で流行した、メード・イン・ジャパンの、ブギウギに対して一考して見よう」として、ブギウギといえば笠置シヅ子、という当時の（そして後年のわれわれの）イメージを覆す衝撃的な発言を行う。

ブギを、日本の流行歌の仲間入りをさせたのは、東京ブギ以来の笠置シズ子のレパートリーの何曲かのブギ調であるが、私自身は笠置シズ子が適当なブギ歌手とは思って居ないのである。ステージの上で、必要以上のアクションで飛び廻って歌う笠置シズ子には閉口するのである。それは笠置の持つステージでの魅力であって、ブギの持つ魅力ではない。

さらに服部は「新聞や雑誌は、ブギの女王と云ったり（略）笠置の持つあの迫力や、大胆なステージ振りに幻惑されて居る」とし、「笠置がリズムに対するより良き理解と反省を持つ事を祈っている」と忠言する。服部によれば「ブギはもっと静かに歌ってリズムの持つ味を歌に表現せねばならないので、普通の歌とは違って、大いに歌い踊らせなければいけないのである。と云って自分が踊ってはいけない」のだ。

「ほんとうの」ブギウギ?

さらに、「東京ブギウギ」が一番ブギらしい要素を持っているが、その後の「ヘイヘイブギー」や「ジャングル・ブギー」は「むしろ、ブギ小唄と申したい様な形態を持ったもの」とする。ここでの「小唄」は、近世以来の音曲の実践の文脈を踏まえたものではない。この文章の別の箇所では「島国気質」の「常に哀調のある変化のない単調なリズムを持つ民謡や俗謡流行歌」としており、服部が呼ぶところの「鎖国的流行歌」を指すとみて間違いないだろう。そのことは、「元来は歌う形式ではなく、ピアノのソロでこのリズムを出してゆくものを私が歌謡形式にしたのである。何故なれば、そうして日本的にして行かなければ日本の大衆には不適当と考えたからである」という記述からも明らかだ。

先の「ブギウギ由来記」でも否定的に述べられていた「暗い」「感傷」的な流行歌の流れを指す、完全に否定的・侮蔑的な用法といえる。敗戦直後は、前章で触れた辰野隆を援用した徳川夢声の「乞食節」論や、左派的な進歩主義者の園部三郎による流行歌批判が苛烈を極めており、そこでは、「流行歌」(当時流行していた古賀政男作曲の「湯の町エレジー」を典型とする)の短調で暗く感傷的な性格が、日本の後進性と結びつけられ、非難されていた。日本の文化的後進性を脱し、商業主義にも毒されない「ほんとうの」民衆音楽を持たねばならない、という主張が繰り返されていたが、そのような民衆音楽は文化人の頭の中にしかないか、そうでなければソ連の国民音楽（民謡を芸術的に発展させたもの、と捉えられた）への憧れの中にしかなかった。このあたりは、園部三郎や井上頼豊の著作を参照されたい。今や国会図書館デジタルコレクションでほとんど読める。

当時のこうした左派・進歩派文化人の常識に服部も取り込まれていたのかもしれない。この時点ですでに、市丸「三味線ブギ」という、花柳界的な文脈に基づく（あえて当時の左翼知識人的な言い方をすれば）「ほんとうの」小唄とブギウギのリズムを見事に接続した楽曲を作っていた服部の言葉としてはきわめて残念である。

それはさておき、「東京ブギウギ」が最も「ブギらしい」要素を持ち、その後は「ブギ小唄」である、と服部が述べる理由は、「東京ブギウギ」が当初から「輸出向き流行歌」として計画されたのに対し、その後の曲は、「偶然に笠置シズ子の戦後の舞台に大きくクローズアップされて、忽ちに、猫も杓子もブギウギと、老人子供にまで、ブギの意味も解らずに流行して行った」ためだという。服部は、「笠置のブギ」と「正調ブギ」を区別し、「そう簡単にアメリカの洗練された音楽が同様に日本で消化されるとは思われない。それ程にリズムや音感が鋭敏だったならば、科学戦争に於ても日本はもっと優れた兵器を発明し得た事だろうと思う」とまで述べる。

ビート進化史観の誤謬

これは単に、敗戦後あらゆるところでみられた「進んだアメリカ／遅れた日本」という二国間の優劣に基づく感想というだけでなく、音楽の「必然」的な「発展」に関する彼の考えに由来するものでもあった。曰く「ブギは二拍から発したリズムの発展したもので、ブギウギが八拍を意味するならば次ぎの時代には十二拍のもの、十六拍のリズムを持って音楽が流行する事は必然である」。

二拍から四拍、八拍へ、さらに一二拍、一六拍へ、という変化は、一見説得的にみえる。いわゆる「フォー・ビート」のジャズから「エイト・ビート」のロックへ、さらに「一六ビート（ジュウロク）」のソウルやファンクやフュージョンへ、といった変化を、単純なものから複雑なものへの単線的な発展の法則の如きものとして捉える見方は、現在でもブログやドラム奏法の解説動画など、日本語圏の通俗的な音楽論で稀にみることができる。ただし、これには全く根拠がなく、「エイト・ビート」が和製英語であるのと同様、「フォー・ビート」「一六ビート」も日本独特の用語で、これらの語が示唆するように、基本となる拍（beat）と拍子（time signature）が多くなるわけではない。

これらの語が実際に指しているのは、四分の四拍子の中で一拍の捉え方が異なるということだ。つまり、「フォー・ビート」であれば、一拍の前半が長く後半が短い（その度合は記譜されない）スウィングを基調とし、「エイト・ビート」だと一拍を均等に二分割した八分音符を基調とし、「一六ビート」は一拍を四分割した一六分音符を基調とする、ということだ。

とはいえブギウギはスウィングで演奏されることも多いので、均等でロック的な「エイト・ビート」とは異なるし、「フォー・ビート」でも不均等な八分音符が基調となる曲も多い。そして、一小節の間に八音なり一六音が絶えず演奏されるとは限らない。

さらに、こうした捉え方は、北米のジャズやポップ音楽の外では意味をなさない。サンバやサルサやメレンゲやレゲトンでは、「エイト・ビート」か「一六ビート」か、という問いは無意味だし、アフリカ系の多くの音楽で用いられる八分の六拍子（日本の音楽用語では「ハチロク」）はそもそもどちらでもない。

拍の分割の仕方が、時代を経るごとにより細かく、また微細な差異に敏感になってゆく、という説明であれば、一定の範囲内で有効かもしれないが（たとえばトラップで用いられる細かいハイハットを「三二ビート」だ、と言い張ることは不可能ではない）、それはリズムの解像度が低い西洋近代的な耳が、多くのサハラ以南アフリカ音楽とその影響下に形成された南北アメリカ大陸とカリブの音楽にはじめから通底する複雑なポリリズムの感覚を、遅ればせながら徐々に認識し始めた過程として理解されるべきだろう。

服部自身がどの程度意識していたかはわからないが、西洋式の楽譜に書ける指標に基づき、単純なものから複雑なものへ音楽が単線的に「発展」する、という発想は、一九世紀末から二〇世紀初頭の比較音楽学の発想に基づき、これをリズムに応用したものといえる。きわめて大雑把にいえば、そこでは、音階を構成する音の数によって地球上のさまざまな地域の音楽を分類・序列化し、当該地域の「発展」の度合いと結びつけることが目指された。一音や二音、三音しかない「未開」の地域の音楽から、アジアやアフリカに広くみられる五音音階を経て、ヨーロッパの七音音階とそれに基づく機能和声の体系に至る(さらには未来には十二音音階が優勢になるだろう)、と考える序列化の発想は、生物の進化の過程を人間社会の歴史と地理に当てはめる社会進化論(社会ダーウィニズム)の一種といえる。これがヨーロッパの帝国主義支配と人種主義を正当化する暴力的な詭弁であることはいうまでもない。

こうした発想は、民族音楽学の中では二〇世紀なかばには克服され、声高には唱えられなくなる(日本では、のちに民族音楽学者の小泉文夫が、日本の民謡をとりあげて、五音音階の独自の重要性を主張している)。

翻って、二、四、八、一二、一六と拍が増えてゆくことを「発展」とみなす服部の発想は、文明の進歩の度合いに応じて二音や三音の音階が五音になり七音や一二音になる、という西洋中心的な社会進化論と共通するもので、経験的にも残念ながら誤りであるといわざるをえない。ただし、そうした社会進化論的な音楽観がまだまかり通っていた時代において、音階ではなくリズムに注目する点は、服部の音楽的関心を示すものとして興味深い。「今日のリズムの研究なくして、ストラビィンスキーも、ショスタコヴィッチの音楽もありえない。リズムに対する限り、クラシックと云わず、軽音楽と云わず又他の芸術絵画に詩歌に大きな問題を投げかけて居る」。実際、二〇世紀後半以降の大衆音楽が、さまざまに異なるリズム（それはしばしばジャンルやスタイルを規定する要素でもあった）を中心に展開してきたことも間違いない（多様な外来リズムの日本での展開に興味のある方は拙著『踊る昭和歌謡』を参照していただきたい）。

ビ・バップは破壊主義的？

この視点に立つとき、服部がこの手記の中で、「調和のあるリズムを破壊する、破壊主義に他ならない演奏」としてビ・バップを批判していることは非常に興味深い。

既に今日ではブギのリズムは古いと云われ新しい若いジャズメンの中ではバップが取り上げられて居るが、私はブギの後にバップがあるとは思わない。ブギは前述のようにあくまでも、二拍から、四拍、八拍とリズムを刻んで発展して行くものであって、バップは反対に四拍子のジャズ本来の基本的リズムを如何にジャズの技巧で破壊して行こうかと云う音楽である。云いかえれば、如何にして基本的な四拍を聴者に感ぜしめない様にするかと云うのがバップの精神の中にあるのである。調和のあるリズムを破壊する、破壊主義に他ならない演奏で、正統なジャズの発展過程とは云いえない。

「正統なジャズの発展過程」という言い方はさておき、小編成で即興中心のビ・バップが、リズムの洗練を追究せず、スウィングのテンポを極端に速めた上で旋律とハーモニーの複雑化を競う演奏スタイルであったことは事実であり、そのことが、西洋近代的な規範に準拠する芸術としての地位を確立する上で一定の役割を果たしたともいえる。

そのこととコインの表裏をなすが、バップ以降の「モダン」ジャズは、もはや人々が日常的に愛好し踊ったり歌ったりする「ポピュラーな」音楽ではなくなった。即興の素材として既存の曲の断片を使ったり、演者自身が即興のための素材も作るバップは、豪華なフルバンドや、専門的な作・編曲家を必要としない、というより、従来の大編成バンドの規範から意識的に逸脱することを目指す、排他的で高踏的な傾向を持っていた（服部はこの語を用いてはいないが「モダン・ジャズ」の「モダン」とは、排他的で高踏的な「モダニズム芸術的」という意味合いであり、戦前の流行語としての「モダン」とは異なっていた)。ビ・バップが作編曲家である服部の職業を脅かしかねないものだった、という事情もあるのかもしれないが、単にアメリカの潮流に追随するのではなく、自身の音楽観に沿って躊躇なく高踏的なビ・バップを批判するところは大衆音楽作曲家としての矜持を感じさせる。

ビ・バップ以降のジャズはもはや一般の人々が楽しみのために聴く音楽ではなくなる一方で、スウィングの大衆娯楽的な側面、とりわけ踊りと結びつく「リズム」の側面は、ジャンプ・ブルースからリズム・アンド・ブルース、そしてロックンロールへと至り、少なくとも英語圏では芸術的な鑑賞音楽となった「ジャズ」とは別の範疇で捉えられるようになってゆく。ジャンプ・ブルース以降の流れでは、フルバンドやオーケストラの豪華な伴奏で演奏される、洗練されたメロディとハーモニーではなく、強いリズムや荒々しい楽器の音色、そして歌手の個性が際立ってゆく。

服部は「ジャズのリズムの発展」という視点でブギウギを捉え、笠置の舞台上の個性に依拠する日本でのブギウギを否定的に捉えたが、アメリカの大衆音楽の変化(もちろん単線的な「発展」ではない)の過程を考えると、笠置のブギウギは、クラシック的な価値観から明らかに逸脱する歌手の個性が独自の音楽語法のもとで評価されるという、新たな大衆音楽のあり方を示している。

つまり、基本的には西洋芸術音楽の語法に依拠したティン・パン・アレイやスウィングではなく、カントリーやリズム・アンド・ブルースやラテンやのちのロックンロールが中心となる大衆音楽のあり方（それはつまり、楽譜ではなくレコードを中心的な記録媒体とする音楽観でもある）を、日本において、特にその実演の文脈において先駆的に実現したものといえる。そして、「東京ブギウギ」が、あくまでも楽譜的な発想に立つ服部のブギウギ観に基づいて作られた楽曲で、その後の笠置のブギウギが、笠置の個性が先行してしまったために、服部にとっては一種の妥協の産物だったとすれば、続いて笠置の特異な個性を最大限に活かすために服部が作った代表的な曲が、一九五〇年に入って現れる。

ところで、この手記では服部はビ・バップを批判しているが、この直前の（または同じ時期に、服部はバップを自身の作曲に取り入れることを企てていたようだ。そう、服部が考えるブギウギ・リズムから逸脱しつつも、笠置の個性を最大限に活かした、あらゆる意味で破格の楽曲であり、私自身が「リズム音曲」と名付けるもののひとつの究極的な形である「買物ブギー」の、最初の草稿には、なんと「買物ＢＯＰ」という仮タイトルが記されていたのだ。

第八章

リズム音曲の画期としての「買い物ブギー」

コンビの最高傑作「買い物ブギー」

「買物ブギー」こそは、笠置・服部コンビの傑作であり、一九二〇年代から連続する娯楽的上演文化の変容過程において、ひとつの頂点を極めた楽曲だと私は考えている。「ラッパと娘」は戦前日本ジャズのまぎれもない頂点だが、「買物ブギー」は、そこにさらに大阪の在来の語り口や物語性が加味されて、まさに唯一無二といえる境地に達している。舶来音楽の要素(とりわけ強く陽気で愉快なリズム)を積極的に取り入れながら、「上から」与えられた教条的な芸術観や音楽観とは無縁の卓越した表現というほかない。

筋立ては落語に主題を取り、歌は大阪弁のイントネーションを最大限に活かし、在来の語り物の節回しの感覚に通じる長いフレーズを語るように歌い、各部分を「わてほんまによう言わんわ」という決め台詞で結ぶ。八百屋や魚屋の品物の名を滔々《とうとう》と述べ立てるところから徐々に盛り上がり、「おっさん、おっさん」でバンドとのコール・アンド・レスポンスで頂点に達し、「ああしんど」とオチをつける。似たような感じの節回しが続くが、単純な繰り返しではなくバンド全体で一斉に止まったりアクセントを付けたり、手拍子を入れたりと、全く飽きさせない。八百屋の場面では、当時のヒット曲「ボタンとリボン」をさりげなく織り込むだけでなく、ネギを買うところで「東京ネギネギブギウギ」という歌詞に呼応して東京ブギウギを思わせるフレーズを返すなど、編曲にも洒落を利かせている。ちなみに「東京ネギネギ」の洒落はすでに「ブギウギ時代」で用いており、同じく「ブギウギ時代」と「三味線ブギウギ」の二曲で用いられる「猫も杓子もブギウギ」のフレーズと並んで服部のお気に入りだったとみえる。笠置がリハーサル中に発した「ややこし、ややこし」というフレーズを即座に歌詞に取り入れるなど、ネイティヴ大阪弁話者の笠置と服部の庶民的な感性に深く根ざした言葉と節の印象が圧倒的だが、スウィング・バンドを自在に操る編曲も見事だ。しかもそれが世代や階層や地域を越えて幅広い人気を博している。映画『ちびまる子ちゃん　わたしの好きな歌』（一九九二）でも印象的に用いられ、Ｋｉｎｋｉ Ｋｉｄｓがこの曲をレパートリーにするなど、のちの世代にも一定程度継承されている。

「買い物ブギー」は私が「リズム音曲」と呼ぶものを見事に体現している。というよりも、「買物ブギー」のような曲をどのように形容し、文化史に位置づけるかを思案している中で、「リズム音曲」という新語を捻り出した、というのが正直なところだ。

ただし、以前のヴァージョンの歌詞では、曲全体の「オチ」を「わしゃつんぼで聞こえまへん」とするなど身体障害者をネタにしたものであることは現在の感覚では認められるものではない。もちろん悪気はなかったに違いないが、差別はほとんどいつでも「悪気のない」人々によって行われ、構造的に再生産される。在来の芸態との連続を強調することは、過去の表現のすべてを改変不可能な「作品」として容認することではなく、必要に応じて柔軟にアップデートすることも含んでいる。とはいえ、「ちょっとおっさんこれなんぼ」以降のすべてを削除するとしたら、楽曲のクライマックスである「おっさん、おっさん」も失われてしまう。現在の「わしゃ聞こえまへん」版が最良とは思わないが、レコード復刻としては仕方のない落とし所だろう。差別的な内容を含む過去の大衆文化表現を、どう継承し、アップデートするのか、という問題はなかなかの難問だ。現在の基準にそぐわないものをすべて否定せよ、という立場は教条的に過ぎるし、過去のあらゆる表現は作者の意図に基づき当時の基準で許容されそのまま保存されるべきだ、という主張も、「芸術」や「作者」や「古典」の特権性を暗黙のうちに前提している点で始末が悪い。実に「ああ、ややこし、ややこし」なのだが、こうした「ややこし」さを引受け、丹念に紐解いていくのが研究者の仕事だ。

買い物BOP

ということで、前章で予告した「買物バップ」の謎に迫ろう。

前章の最後に思わせぶりに書いたように、服部はこの曲を「買物バップ」として構想していたようだ（図8-1下）。残っている楽譜や現在の録音から、現在われわれが理解してい

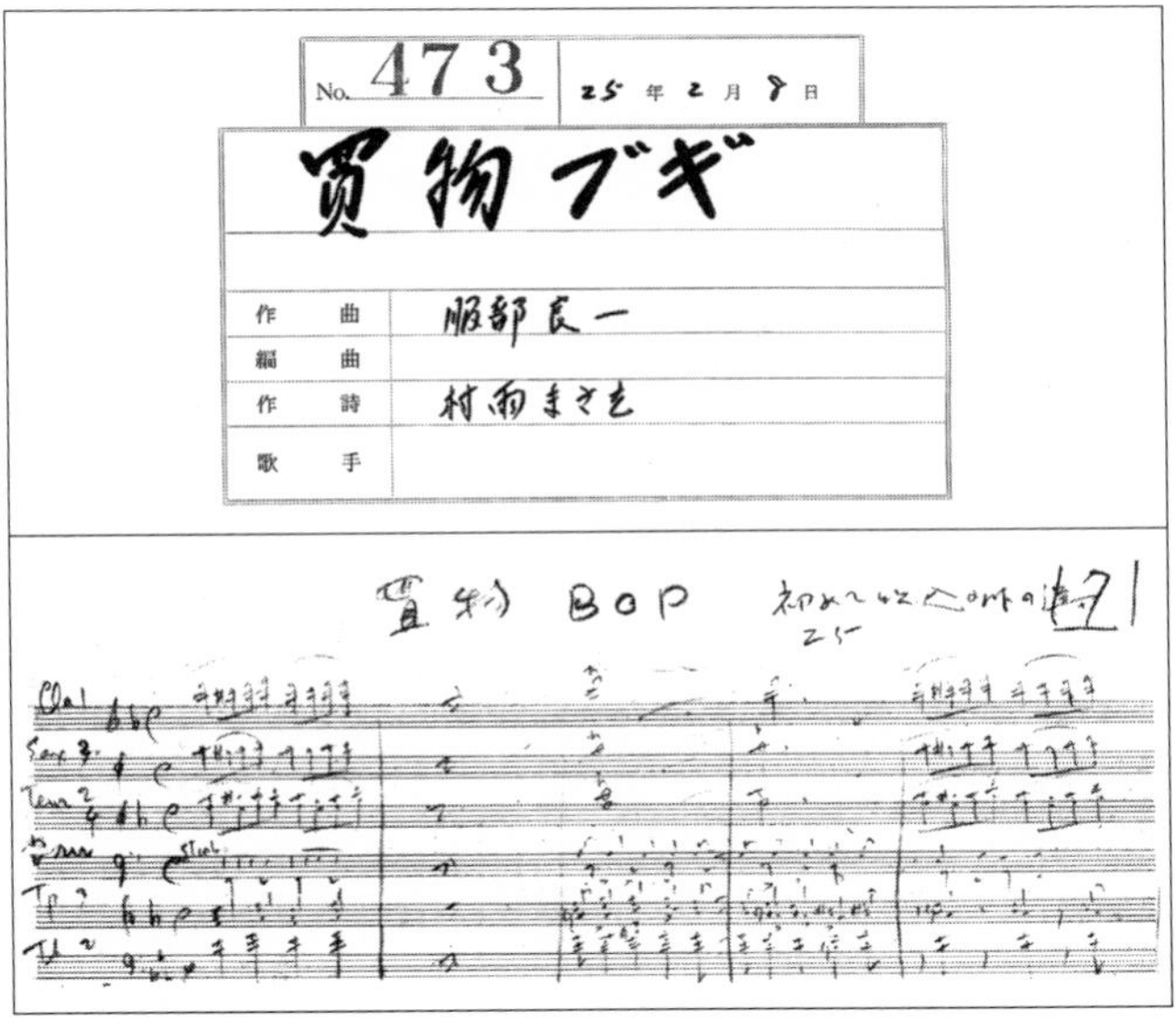

図8-1「村雨まさを」は服部が作詞するときのペンネーム（上）。B

るビ・バップの音楽的要素を感じ取ることは難しいが、服部は当初の段階から（少なくとも当初の段階では）、笠置のそれまでのブギウギ調流行歌（服部のいう「ブギ小唄」）とは違う新機軸を試そうとしていたと推測される。

　音楽的な前提として、そもそも編曲されたビッグ・バンド伴奏による歌中心の演奏は、小編成で各楽器が即興を競い合うビ・バップとは決定的に相容れない、ということをまず確認しておきたい。ビ・バップはあくまでも合奏の方法論と感性であって、特徴的な音形として楽譜に書き記すことができるような「リズム」ではないからだ。

実際のところ、ブルースでもルンバでもタンゴでもブギウギでも、服部がそれまで「リズム」として取り入れていた音楽は、それぞれ特定の楽器編成や演奏スタイルと不可分に結びついた、独自の感性と論理を持つものであり、服部が主に参照していたオーケストラやビッグ・バンド編曲は、アメリカのショー・ビジネスの中でかなり恣意的に解釈（歪曲とはあえて言うまい）されたものだった。これは服部自身の限界というより、オーケストラ（およびそこから派生したアメリカのビッグ・バンド）を普遍的ないし規範的な演奏形態とみる、一九世紀から二〇世紀前半の地球上で一定程度共通していた覇権的音楽観の限界であり、服部だけを批判するのはフェアではない。

各演奏者が個々に即興を競い合うビ・バップは、大規模なオーケストラを統御するための詳細な楽譜を用いた作曲を特権視する覇権的音楽観へのひとつの根本的な挑戦（もちろん唯一のやり方ではない）だった。一方、服部の作曲家としての立場は、近代ヨーロッパ（とりわけロシア）の音楽的規範と書法に依拠して、オーケストラまたはビッグ・バンドで表現できる限りの新しい「リズム」を積極的に取り込むことで、西洋近代音楽の規範性と大衆的なアピールを両立させようとするものとまとめられる。それゆえ、ビ・バップという音楽そのものが、服部の音楽観から逸脱ないし対立するものともいえる。服部がビ・バップを「破壊主義的」と批判したのは、この演奏スタイルが、彼が依って立つ音楽の足場そのものを破壊する可能性を察知したゆえかもしれない。その意味では慧眼といえる。

ここでの問題は、服部のビ・バップ解釈が正しいかどうかではない。そうではなく、服部が「買物ブギー」を当初「買物バップ」として構想していたことによって、それまでのブギウギ調流行歌とは異なる新しい要素が笠置の歌にもたらされた可能性を示唆したい。

前章で検討した服部のビ・バップ観や、一九五一年に意識的にビ・バップに取り組んだ「オールマン・リバップ」「ハーイ・ハイ」に鑑みるに、服部は、速いテンポのスウィング・リズムと、断片的で即興的なスキャットとバンドの応答に加えて、ブルーノートや半音階(クロマチック・スケール)を用いて短い音を切れ目なく連ねた長い旋律をビ・バップの音楽的特徴として捉えていたようだ。

リズムやコール・アンド・レスポンスは、「ラッパと娘」時代の「ホット」なスウィングと共通するものだが、「買物ブギー」の起伏が乏しく語るような長いメロディは、服部が考えたバップ的要素に由来する(少なくともそれと整合する)ものだったかもしれない。各コードに対してさまざまなスケール(音階)を即興的に当てはめながら流れるようにフレーズを語る(興味のない人には音階練習にしか聞こえない)というのは確かにビ・バップの即興の特徴の一端を捉えている。録音では「たまの日曜サンデーと言うのに」に相当する部分に、分散和音を上下させる（アルペジオ）長いフレーズで絡んでくるクラリネットも最初から書き込まれており、これもバップを意識したものかもしれない。

もちろんよく知られるように、「買物ブギー」の主題は上方落語の「ないもん買い」に取材したもので、そこからの連想で阿呆陀羅経《あほだらきょう》や萬歳や浪曲といった話芸に通じる節回しを取り入れた部分もあるだろうが、それを取り入れるにあたって、ビ・バップとの共通性が意識されていたのではないか。あるいは、ビ・バップの切れ目のない長い旋律を流行歌に翻案しようと考える中で、大阪の口語的な話芸との類似性を思いついたのかもしれない。そのあたりは想像にすぎないが、「買い物ブギー」が、先行する他のブギ調流行歌と明らかに異質である理由を考えるにあたって、そもそも最初は「ブギ」ではなく「バップ」だった、という事実に注目することは的外れではないだろう。

譜面草稿からたどるリズムの変遷

保管されている最初の草稿には、歌のメロディはほとんどなく、曲の最後になって、レコードでは削除されている差別用語を含む部分と、そもそも録音されていないその後の文字を読めないおばあさんの連に歌詞と旋律が書き込まれているだけだが、構成やリズムのブレイクははっきり作られており、書き込まれてはいなくとも、一定の旋律の流れが意識

図8-2「買い物ブギー」の譜面草稿。作曲家の思考プロセスがうかがえる。B

されていたことがわかる。また、構成上のまとまりを区切る「わてよういわんわ」と最後の「ああしんど」というフレーズはこの時点ですでにあったことが確認できる。

おそらくその次に書かれたと思われる版では「買物ブギ」と改題され、その上にはアルファベットで「OSSAN!　OSSAN」（図8－2上）と書かれている。この部分が曲の肝だと意識されていたことがわかる。この版では、ピアノの左手とギターがユニゾンで「一小節に八回」の典型的なブギウギのパターンを演奏している。ただ、録音された版のテンポではこのフレーズは速すぎるので、この時点ではもっと遅いテンポが想定されていただろう。

さらに、別のピアノ伴奏と旋律だけの譜面では、ピアノの左手で、一小節を3-3-2でコードを分解して演奏する（四分音符、八分休符、四分音符、八分休符、四分音符）ことになっている（図8-2下）。いわゆる「ルンバ」のリズム（キューバでは「トレシージョ」）だが、左手で八回刻むのではなくこのリズムで弾くのは、プロフェッサー・ロングヘアーに代表されるニューオーリンズに特徴的なブギウギ・ピアノの奏法だ。服部の研究熱心さと試行錯誤の様子がうかがえる。ただこれも、ニューオーリンズ風のブギウギとして弾くのであれば、録音盤の速いテンポでは二拍目後半のシンコペーションが効果的ではないため、より遅いテンポが想定されていただろう。あるいは、この譜割で、リズムの単位を倍の長さでとる（「きょ一うは一あさ一から」と四拍で取るのではなく「きょうは一あさから」と二拍でとる）やり方もありうるが、これはカリブ～南米のアフロ系音楽に近くなり、（個人的には大好物だが）服部の考える「八拍のブギウギ」からは離れる。

その後どういう経緯で、録音盤でのきわめて速いスウィング（これはおそらく服部が考えるバップ要素の一部だ）での録音に落ち着いたのかはわからない。これはあくまでも想像だが、SPレコード片面の収録時間（約五分）に六景にも及ぶ物語を詰め込むためにテンポを上げたのかもしれない（それでも映画『ペ子ちゃんとデン助』〔一九五〇〕で歌われている最後の「おばあさん」の連までは入らなかった）。ともあれ、さまざまな試行錯誤を経て、服部が考えるブギウギの特徴を欠きながら、またメロディやテンポに当初のバップの構想を部分的に取り入れる形で「買物ブギー」の録音がなされたのではないか。

ちなみに「買物バップ」〜「買物ブギー」の作曲時期（楽譜を入れる封筒には「二月八日」と記されている）と、前章で取り上げた「ブギウギ誕生」（『文藝春秋』一九五〇年三月刊の春の増刊号所収）の執筆時期はかなり近く、どちらも一九五〇年初頭と考えられる。時期的な符合に基づく想像でしかないが、「ブギウギ誕生」での服部のビ・バップ批判は、「買物バップ」構想の挫折と結びついていた可能性もある。

時期は少し飛ぶが、「買い物ブギー」の流行から一年ほど経った一九五一年六月一〇日付朝日新聞夕刊には、「ブギはすたれて　いまビー・バップを勉強中　頭悩ます笠置シヅ子」という記事が掲載されている。見出しや、「ブギ・ウギがなりをひそめて」という書き出しからも、この時点でブギウギ人気が陰っていたことがわかる。笠置はそこで、「このごろ考えているのはビー・バップのリズムです。これはブギよりずっと複雑で面白いんです。まだ三曲ほどしか歌っていないのでうまくコナせません。音楽と歌とがあって来ないんです」と語っている。実際、現在の耳で「オールマン・リバップ」や「ハーイ・ハイ」の録音を聴くと、「買物ブギー」の熟練と比べて全く「コナせ」ていない印象を受ける。服部自身の思惑はさておき、外来の音楽要素をいち早く取り入れることよりも、在来の音曲の要素を折衷的に発展させることに価値を置く本書の立場からすれば、「買物ブギー」が結果的にビ・バップでもブギウギでもない折衷的な音楽様式を獲得し、そこで笠置の魅力が最大限に引き出されたのはきわめて喜ばしい。

ブギウギシリーズのラストヒット

「買物ブギー」はレコード流行歌としてのブギウギの最後の大ヒットとなった。漫画集団の横山隆一原作の人気漫画を映画化した『ペ子ちゃんとデン助』では、この曲がほとんどミュージックビデオのように本編の流れとは切り離して歌われている。この映画の元になったと思われる日劇公演『ラッキー・サンデー　ペコ・デン助・テスト氏』が一月三一日から二月一三日まで行われている。「東京ブギウギ」の漫画集団公演と同様に、『サンデー毎日』の後援で、「百五十万〔部?〕突破記念」と銘打たれている。パンフレットには「買物ブギー」の景は含まれていないが、「たまの日曜サンデーと言うのに」という歌詞は、公演タイトル『ラッキー・サンデー』とスポンサーの『サンデー毎日』にかけられて

1951年、服部の作曲2000曲を記念して盛大に開かれたショーで。スター歌手たちがサプライズでラインダンスをプレゼントした。左から山本和子、山本照子、淡谷のり子、渡辺はま子、小川静江、笠置、服部富子。淡谷は笠置、渡辺と並んで服部楽曲を歌う女性歌手の筆頭だった。　B

おり、服部の楽譜が入った封筒に記されていた作曲完成日は二月八日となっているので、公演途中でお披露目された可能性もある。

レコード発売は一九五〇年六月だが、その直前の一九五〇年五月二一日には、朝日新聞朝刊で淡谷のり子が「人物メモ」欄で笠置を取り上げ批判している。

　率直にいえば、私はうたを聞く楽しさより、むしろ胸苦しさを感じます。どうにも聞いていられないときが、近ごろ度々あります。それは彼の女の不自然な発声法とオーヴァーすぎるゼスチュアと、不必要にドナリたてる大きな声から受けるものかとも思われます。
ボードビリアンとしての彼の女は買えるとしても、歌を勉強したものにとっては、恐ろしさをさえ感じます。夢も美しさもないような気がします。それは個性の強い野性的なものかも知れません。

結局、「自分は歌を勉強した」ということしか言っていない文章だが、そういう歌手に「恐ろしさ」を与える「ボードビリアン」としての笠置の「夢も美しさもない」「個性の強い野性的な」魅力が最大限に発揮された「買物ブギー」は、歌や音楽を「勉強」したわけではなく、楽しんだ人々には十分に届いた。

「わて、ホンマによう言わんわ」

最初はラジオを通じて人気に火がついたようだ。一九五〇年七月二日付読売新聞には「人気ソング「買い物ブギ」余聞」という記事が掲載されている。

人気絶頂の笠置がコロムビアに吹込んだ「買物ブギー」が「今週の明星」で一度放送されるや全国に一大反響を呼び発売即日売切れという有様にとかく業界の不況をかこ

っていたコロムビアは大喜び。(略)何にしろ歌は八百屋、魚屋さんを唄っているだけに放送はこれら業者の人達から大歓迎を受けたことも事実でまた、彼等にもこの歌が不景気を吹飛ばす妙案であれば一石三鳥ぐらいという処である。

たしかに全国の商店の数を考えると、実に巧妙なマーケティングといえる。この場合、スポンサーがあらかじめ企画し予算を出したわけではないが、一九五一年の民放ラジオ開局以降、新しい曲種として登場するコマーシャル・ソングを先取りするものといえるかもしれない。「銀座カンカン娘」の「カルピス飲んでカンカン娘」からの連続も考えられる。

これらの商店の人たちが店頭でレコードをかけたのか、口ずさんでいたのかは知る由もないが、全曲をそらで歌える人はほぼいないにせよ、巷で広く聴かれ歌われていたに違いない。

いくつかの記述を拾ってみよう。色っぽいところで、正岡容《いるる》の随筆「東京パレス紀行」(『艶色落語講談鑑賞』(一九五二)所収)から。東京・小岩に戦後米軍向けの慰安施設として開業したダンスホール形態の売春施設「東京パレス」の「ダンサー大運動会」に招待された際に、「買物競争」で「場内の電蓄から笠置しづ子の「買物ブギ」の〽おっさんおっさんこれ何ぼ、の唄が軽快に流れて来たのも、時にとっての一興だった」とある。

ありがたいところでは、真言宗の雑誌『六大新報』（一九五〇年一一月一五日第二二九九号）に、「ボタンとリボン」と比較した次の評言がある。

間もなく、「買物ブギ」が流行り出した。これは日本の歌である。笠置シズ子歌う所のもの。メロディーも何もない。音楽やら何やら分らない。だがそのリズム、調子外れの音を乗せていながら、「コイツは面白い」と引きつけられた。何故こんな気狂い「ママ」のような音楽が流行するのか。それこそ「ワテ、ホンマニヨウイワンワ」であるが、やっぱり面白い。子供まで片言で歌っている

「買物ブギー」が、当時の「メロディー」や「音楽」の規範から相当逸脱していたことがはっきりわかる。淡谷が「恐ろしい」と感じたのもむべなるかなである。その上で「コイツは面白い」と評するあたり、徳の高さが感じられる。

「ワテホンマニヨーイワンワ」については、東京文科大学（現・二松學舍大学）の紀要『季刊國文』第二号（一九五二年）に収められた国語学者・塚原鉄雄の論文「言語の流行」でも、「近来、殊に顕著なのは、個人的好尚に偽装して、流行語の作成せられることである」として、「レコード会社という企業体」が作り、歌手が起点となる流行語の代表例として

言及される。

言語の流行は、単にその語句のみの流行することではない。笠置シズ子の「買物ブギ」の流行が、「ワテホンマニヨーイワンワ」という言葉を流行させると共に、併行して、加工せられた語句の流行を生む。創造的模倣が働いて、類似の流行語を産出する。

「類似の流行語」の実例が挙げられていないのが惜しいが、このフレーズが、さまざまな変種を伴って人口に膾炙《かいしゃ》していたことがうかがえる。

ハワイでの人気

「買物ブギ」のレコード発売とほぼ同時に六月一六日から四ヶ月間、服部と笠置はハワイとアメリカ本土の演奏旅行に向かう。帰国後の服部は、外来音楽をいち早く輸入し紹介するという方向を追究するのでなく、少なくとも笠置とのコンビに関しては、日本の中で広く親しまれた庶民的な題材の語り物的な曲調を中心とする方向に舵を切る。その一因として、ハワイ・アメリカでの経験、とりわけハワイで「買い物ブギー」がひときわ人気を集めたことがあったのではないか。

ハワイでは『東京ブギウギ』や『買物ブギ』も大評判で、日本同様、歌詞の中の「ワテほんまによう言わんワ」や「おっさん、おっさん」が流行語になっていた。ぼくたちが町を歩いていると、それと知っている現地の人々に、

「おっさん、おっさん」

とぼくは呼びかけられるし、笠置君は、

「ワテほんまによう言わんワ」

と話しかけられ、ワテほんまによう言わんワ、であった。（『ぼくの音楽人生』）

これはのちの服部の回想だが、当時の新聞や雑誌でも「買物ブギー」のハワイでの人気が強調されている。前述の一九五〇年七月一二日付読売新聞記事「人気ソング「買い物ブギ」余聞」でも、次のように記される。

なおこの「買物ブギー」についてコロムビアに寄せられた笠置シズ子のハワイ第一信によれば、同地でも大受けで彼女が最後に絶叫するがごとく唄う、オッサンオッサ

ハワイ公演は大盛況。現地在住の日系人とともに二人が取材に応じたときのものか。A

ンオッサンに爆笑爆笑ただ爆笑！ついに笠置、オッサンガールのニックネームを頂戴したとかいうことである。

帰国後に笠置が雑誌『新映画』（一九五一年一月号）に寄稿した「海を渡ったブギ道中」でも、「銀座カンカン娘」のハワイでの流行に触れた後、「それに「買い物ブギ」が流行しているのに驚きました。『おっさんおっさん、あれ、なんぼ』と大阪弁で、歌うあのブギは日本でも所によってはわからないのですが、ハワイでは大受けです。というのは広島を中心にして関西方面からの移民が多いからだったのです」と記している。

現地の日本語新聞『布哇《ハワイ》タイムズ』（一九五〇年七月一二日）に掲載された笠置と服部の公演評では、「買物ブギー」の曲名こそ挙がっていないが、「笠置シズ子さんの奇抜な歌い振り、踊り振りに観客は拍手喝采をあびせた、同時上映のカマデー映画『お染久松』は一同腹をかかえて笑い出した」とする。「カマデー」はcomedyのことだ。笠置のパフォーマンスが「奇抜」なものであり、また、その公演は、浄瑠璃を翻案した喜劇映画と併せて提示されたことがわかる。

本命はヨーロッパだった？

いずれにせよ、笠置と服部がハワイ・アメリカ公演で受け入れられた理由は、当然といえば当然だが、服部と笠置のアメリカ的な要素ではなく日本的ないし大阪的な要素だったようだ。そのことは、少なくとも「国際的」な作曲家であると自認する服部にとっては必ずしも本意ではなかったはずだ。

渡米直前の『毎日グラフ』一九五〇年五月一日号掲載の「リズム生活」では、フランス留学経験のある洋画家高野三三男《こうのみさお》を相手に、「アメリカはマーケットであって、むしろ学ぶべきものは欧州にあるのではないかと思うのです。今度のアメリカ行きは笠置シズ子と一緒なんです。笠置君のような、突拍子もない人が向うで、どう受け入れられるか、ちょっと楽しみですし、興行的には、なにか儲かるような気がします。それでうんと金を貯めてパリまで足を延ばしましょう。うまく行けば六月にはパリに行けるのではないかと思います」と気炎を上げる。

一転して、帰国後の一九五一年六月号『婦人公論』に掲載された座談会「歌謡曲の世界」（司会・吉本明光、出席者・古賀政男、古関裕而、服部良一、万城目正）では、司会の吉本が古賀と服部に「すこしアメリカの話聴こうか」と水を向けると、服部は「アメリカの話はしたくないですよ」「ぼくは話したくないけど、作曲家は作曲家らしく、すこし曲の中へ唐辛子を入れてやろうかという夢だけは持っています」とだけ語っている。渡航前は「マーケット」として甘くみていたアメリカで、国際的な作曲家として認められるという望みが果たせなかったゆえの発言なのだろうか。

「アメリカ」への服部の屈折した感情は、帰国後の笠置「ロスアンゼルスの買物」（安い土産物を買ったらメイド・イン・ジャパンだった、というオチがつく）や、妹の服部富子「アメリカ土産」（各連でアメリカの風物を「ワンダフル」と讃えながらも、私にはやっぱり日本のものが一番、とまとめる）からもうかがえる。この座談会の中では、「買物ブギー」について、「ああいうのが何であたったのかわからぬ。こうなると作曲家か、あてこみ家かわからぬ（笑声）」と自嘲的に述べてもいる。「あてこみ家」の正確な含意はわからないが、時事的な題材を舞台の中に取り入れて(当て込んで)手っ取り早くウケを狙う戯作者といったところだろうか。いずれにせよ、服部にとっては「買物ブギー」が会心作ではなかったことだけは十分に伝わる。

「リズム音曲」路線の確立

しかし、「買物ブギー」以降、服部が笠置のために書いた曲は、言葉遊びや洒落を駆使した物語仕立ての長大な歌詞を、語りと歌の中間のような独特の節で、ビートの利いたリズムに乗せて滔々と歌う、という、つまりは「買物ブギー」を雛形にしたものが主流となる。「モダン金色夜叉」「黒田ブギー」「雷ソング」「七福神ブギ」といった、「買物ブギー」路線の曲のほとんどは、作曲のみならず作詞も「村雨まさを」、つまり服部良一自身が行っている。服部自身も「買物ブギー」以降は、「ブギ」を冠していても当初彼が意図した音楽スタイルとしての「ブギウギ」かどうかについてはほとんど考慮しなくなっているようだ。笠置への提供曲については「あてこみ家」であることに徹することにしたのかもしれない。

さらに、キューバの「コンガ」のリズムを取り入れた「コンガラガッタ・コンガ」や日蓮宗の太鼓のリズムを取り入れ、ラヴェルの「ボレロ」と折衷した「ボン・ボレロ」、アルゼンチンのタンゴと京都の丹後の「宮津節」をかけた「タンゴ物語」、さらに、一九五〇年代なかばに大流行したマンボと安来節を折衷した「エッサッサ・マンボ」など、新たなリズムを実験するための受け皿として、服部は笠置のコミカルで物語的な実演スタイルを大いに活用していたともいえる。

羽田空港で多くの人々に見送られ、アメリカ公演ツアーに出発する笠置と服部。B

よく知られた芝居や民話や民謡に題材を取り、当時の流行リズムを独自に解釈したこれらの曲は現在の耳にとってはどれも非常に新鮮で、笠置の歌唱も実にこなれて堂に入っている(その分、単調に聞こえるところもないではない)。ただし、物語仕立てで展開するこれらの曲は、単純な有節歌曲中心の当時のレコード流行歌の標準からは大きく逸脱するものだった。

現在は残念ながら映画も容易に見ることはできないため、これらの楽曲には録音物で接するほかないのだが、こうした楽曲の構成は、レコードよりも舞台や映画でより効果的に演じられたことは間違いない。その魅力の片鱗は、二枚組ＣＤ『ブギウギ伝説』の二枚目に収録された、映画のサウンドトラックと帝劇ミュージカル『浮かれ源氏』の録音からもうかがえる。レコード化されていない「清水次郎長伝」をモチーフとした映画『唄祭り清水港』(一九五〇)での広沢虎造節を取り入れた楽曲群は、「リズム音曲」の精華ともいえる。何より、帝劇ミュージカルの実況録音が残っているのは奇跡的というほかなく、笠置のパフォーマンスの迫力はもちろん、演奏の素晴らしさにも舌を巻く。これらの音が聴けるだけでもありがたいが、復刻可能な映画はぜひ復刻してほしい。

大衆音楽を取り巻く環境の変化

このように、笠置はその後も舞台や映画では活躍を続けるものの、流行歌手としては、「買物ブギー」がピークだったという評価が一般的だ。笠置の物真似で登場した美空ひばりや、江利チエミ、雪村いづみといった少女歌手に人気の中心が移っていった、と説明されることが多い。また、「買物ブギー」人気の絶頂で四ヶ月間日本を離れている間に、舞台では越路吹雪が台頭した、とする記事もある（『新映画』一九五一年八月号「海を渡ったスタアたち」）。

舞台で「買い物ブギー」を歌う際、「着物に買い物かご」が基本のスタイルだった。A

いずれにせよ、「買物ブギー」の後、レコードでのヒット曲を連発する絶頂期は過ぎたものの、舞台や映画では十分な存在感を示してきた。また、一九五三年のテレビ開局に伴って、歌だけでなく激しい踊りを伴う笠置のパフォーマンスが「テレビ向き」と考えられて再注目されてもいる。一九五三年二月一日のＡＫ本放送開始記念としてテレビとラジオで同時に放送された「今週の明星」では、着物にエプロン、買い物かご片手に激しく踊りながら「買物ブギー」を歌っている。

服部のキャリアの頂点も、一九五一年一一月に日劇で開かれた『服部良一作曲二〇〇〇曲記念ショウ　ヒット・パレード』だったといえる。メディア史的な観点に立てば、同年に民放ラジオが開局して以降、流行歌とラジオの関係が従来よりもさらに近くなる。それと並行して、これまで流行歌とは別の種類の芸として位置づけられてきた民謡や浪曲の要素が流行歌にとりいれられてゆく（浪曲についてはテレビによって動きが少なく長い演目が飽きられたとする見方もある）。民謡出身の三橋美智也や浪曲出身の三波春夫や村田英雄や二葉百合子など、それぞれの芸態の独特の発声法を取り入れた流行歌が台頭する中で、戦前から服部が積極的に試みてきた、民謡や浪曲などの在来の節に西洋的なリズムとハーモニーを付加して「ジャズ化」するやりかたが後退してゆく（江利チエミや小林旭のような重要な例外はあるとはいえ）。

これは、旋律ではなく声の質そのものに民謡や浪曲の「味」が求められるようになってゆくということでもあり、服部のような大規模なオーケストレーションを音楽語法の基盤とする作曲家に代わって、作編曲技法は初歩的ながら、民謡や浪曲や流しの艶歌師の独特の声の質感を活かせる新たなメロディメーカー（船村徹や遠藤実や市川昭介）が台頭する。服部が一九五〇年代半ば以降、目立ったヒット曲を生み出せなくなってゆくのは、彼自身の音楽性の変化というより、大衆的な歌謡をとりまく状況の変化によるものといえる。

また、民放ラジオ開局以降、洋楽レコードをそのまま放送する番組が人気を集めてゆく中で、いわゆる洋楽ファンの関心が、笠置のような実演に基盤を置き日本語で洋風の曲を歌う和洋折衷スタイルから離れていった、ということもあるかもしれない。さらに、この時期に、そもそも「洋楽」の音が根本的に変わってもいる。一九五〇年代半ばのマンボやロックンロール（ロカビリー）の台頭によって、服部が得意としてきた一九二〇年代以来のシンフォニック・ジャズやフル・バンドによるスウィングは過去のものになっていった。それは、クラシックとジャズ（軽音楽）を含めて「洋楽」と考えるのではなく、「洋楽」の中でもロックンロール以降の「ポピュラー」が自立してゆく過程でもあった。

歌手「引退」へ

こうした流れの中で、服部と笠置のコンビは徐々に終わりを迎えてゆく。

一九五六年にはマンボに対抗して服部が考案した新リズムという触れ込みの「ジャジャムボ」がレコード発売されている。「ボン・ボレロ」同様、日蓮宗の太鼓にヒントを得た

帝劇と並び、戦後の笠置のメイン・ステージだった日劇の屋上で。A

もので、二拍子と三拍子が同時並行するアフリカ系音楽の基本といえる八分の六拍子のリズムだった。ただし、笠置の歌は平板でポリリズムの勘所を理解しているようには思えないし、服部の編曲も頭で拍を数えながら考えたようなぎこちなさを感じる。とはいえこの曲はのちに服部が香港で映画音楽を作曲するようになった際にリメイクされ人気を博している（その経緯は拙著『踊る昭和歌謡』を参照されたい）。

また、私が確認できた範囲で最後の笠置の主演舞台は、一九五七年五月の新宿コマ劇場『クルクル・パレード』だが、そのフィナーレが、「ではロックを踊りましょう」という景で、笠置の演目は「歌うロックアンドロール」となっているのは象徴的だ。

ごく大雑把にいえば、流行歌における民謡調や浪曲調の台頭と、洋楽におけるマンボ・ブームとロカビリー・ブームによって、服部と笠置のスタイルは歴史的役割を終えた、とまとめられるかもしれない。戦後一〇年にわたって日劇の主役だった笠置に代わって、一九五八年以降は日劇ウエスタン・カーニバルが日劇の顔となる。

笠置の最後の日劇出演は、一九五六年一月下旬の「日劇爆笑ミュージカルス」と銘打たれた『たよりにしてまっせ』だった。これは、ミヤコ蝶々主演で、エンタツ・アチャコを世に出した漫才作家・秋田實が東宝に移籍して設立した宝塚新芸座の公演だ。このことは、笠置の喜劇俳優としてのその後のキャリアを暗示しているようにも見える。笠置の最後のレコード録音となった主題歌「たよりにしてまっせ」はマンボで編曲されており、打楽器のリズムはかなり本格的だが、笠置の歌は少しもっちゃりしてリズムに乗り切れていない感じがする(これもＫｉｎＫｉ Ｋｉｄｓがレパートリーにしていた。ジャニーズと服部良一については、別の本格的な研究が必要だ)。歌詞は服部との関係を連想させるところもある。

とはいえ、笠置がいつ歌手を引退したのかは、実は正確にはわからない。一般には一九五七年初頭に歌手引退とされているが、先述のように、一九五七年五月に新宿コマで主演している。一九五八年にも、服部良一らが旗揚げしたミュージカル団体「凡凡座」に出演しているし、一九六〇年の服部良一の『シルバー・コンサート』でも「ヘイヘイ・ブギ」

1958年、大阪での「凡凡ミュージカル」旗揚げ公演。看板には笠置の隣に服部富子の顔写真も見える。A

を歌っており、しかもその報道ではとくに「復帰」などと形容されていない（『映画情報』一九六一年二月号）。笠置の歌手引退は、たとえばキャンディーズや山口百恵の引退のような劇的なものではなく、漫才コンビがいつの間にか単独で司会者や性格俳優に転じていた、というような、連続した芸歴の中でのキャラクターの変化として捉えるべきなのではないかと私自身は考えている。

いまも息づくリズム音曲

いずれにしても、一九五〇年代の後半に、笠置が歌わなくなったことで、道頓堀ジャズから「山寺の和尚さん」や「ラッパと娘」や「買い物ブギー」へと連なる、震災後の大阪から東京に拡大した「リズム音曲」の流れが一旦完結したようにも思える。

しかし、この流れは途切れたわけではない。たとえば、その後の小林旭やクレイジー・キャッツやドリフターズに見出すことができるだろう。「ブギウギ」という言葉の含意を直接参照し、「買物ブギー」をもじった「賣物ブギ」を演奏しているダウン・タウン・ブギウギ・バンドも重要だ。もちろん、大阪には宮川左近ショーや横山ホットブラザーズやフラワーショウや藤井隆や島田珠代や松浦真也といった芸人たちや、憂歌団や有山じゅんじやモダンチョキチョキズや大西ユカリといった、笑いの要素を重要な表現の一部とする音楽家たちの系譜もある。路上とステージと寄席を自在に行き来するちんどん通信社の存在も重要だ。

ここではいちおう便宜的に区別したが、本当は「芸人」と「音楽家」という区別自体を撤廃したいと考えている。これらを包摂するための発見的な概念として捻り出したのが「リズム音曲」なのだ。「リズム」の含意は、前著『踊る昭和歌謡』に由来するものだが、横山ホットブラザーズの「リズムショー」や暁伸《あかつきしん》・ミスハワイの「浪漫リズム」（浪曲＋漫才で浪漫）を念頭に置いてもいる。

「リズム音曲」は大阪の演者にのみ当てはまるものではもちろんないが、やはり大阪という街と結びついている部分は大きい。あくまでも仮説だが、クレージーやドリフの「米軍キャンプ系」と道頓堀ジャズ以来の「大阪系」という二つの大きな傾向を見出すことはできるかもしれない。「米軍キャンプ系」についてはすでに一定の研究の蓄積があることもあり、私自身の軸足はやはり「大阪系」に置きたい。

笠置・服部の「自画像」

一九七四年二月一六日、朝日新聞夕刊大阪版に服部良一は「大衆音楽と大阪人気質」というエッセイを寄稿している。大作「おおさかカンタータ」が初演される約九ヶ月前のことだ。本書のための調査のかなり後の段階で見つけたものだが、私の主張の大半がすでに言い尽くされていることに驚きを禁じえなかった。記事全体をデータベースで見ていただきたいが、要点をここに取り出しておく。

大阪はあきないの都であるが、同時に芸能の都としても独自の伝統を持ち続けてきた。浄瑠璃、端唄、浪花節からにわか、まんざいに至る大衆芸能が、町民の中でつややかに育てられた。

大阪の庶民階級はうれしい時やおめでたい折には、必ず寄り合い酒をくみかわし、そのリズムにのって歌いかつ踊り、ともに浮かれて楽しんだ。

（略）

ジャズ音楽は気軽に、いつでも、どこでも、演奏できる法被《はっぴ》姿の音楽で、タキシードや燕尾《えんび》服で演奏するクラシック音楽に比べ、安直に人の心をとらえる大衆性がある。

そのころ、一時にどっと押し寄せたジャズ旋風に着眼した大阪商人は、早速これをカフェーの余興やショーに取り入れた。いわゆる赤い灯青い灯の道頓堀が舞台。（略）大阪人の庶民性と大衆音楽のジャズは、たちまち密着したのである。

（略）

堅苦しい理論や楽譜にのみ頼らず、即興的に自らのフィーリングで楽曲を構成し、それを盛り上げて協調していくジャズの手法は、珍しいものや初物に飛びつき、いつのまにかそれをわがものとする大阪人気質にぴったりだったのであろう。浄瑠璃・端唄とジャズが直線的に結びつくわけではない。大阪人が伝統的にはだで感じ、おのずと身につけてきた芸ごころとジャズが、当時のハイカラな大阪の、ちまたの音楽家の胸の底に流れる音楽性の目を開かせたのである。

この文章は、服部自身の音楽性についてのこの上ない自己紹介でもある。そして、笠置シヅ子も、そうした「芸ごころ」を身につけた「ちまたの音楽家」の代表的なひとりであり、「浄瑠璃、端唄、浪花節からにわか、まんざいに至る大衆芸能」の申し子でもあった。時代はぐっと戻るが、一九四八年の笠置の自伝『歌う自画像』に寄せた服部の笠置評は決定的だ。

歌そのものからいえば、もっとうまい人がいくらでもいる。だが、いろいろなものを合せると彼女ほど大衆の心理をつかむ歌手はいない。彼女はスタンダート〔ママ〕な歌手の系列で評価は出来ない。極端にいうと天中軒雲月（名前が〔伊丹秀子と〕変ったそうだが）ミス・ワカナの系列に入る人かも知れない。

馬鹿気た声で歌っていると、その筋のオーソリティは「あれは浪花節だよ」と極めつけて流〔ママ〕飲を下げるかも知れないが、浪花節で結構、私はさんざん彼女に浪曲ジャズを歌わしたこともある。笠置君はそんな、洒落たところで洒落た人たちだけに洒落た歌を聞かせるたぐいの人ではない。あくまでゴミゴミした街の中で、大衆の灯となって歌う陋巷の歌い女である。そこに彼女の生命があり、魅力がある。

ここで娘浪曲師として人気を集めた二代目天中軒雲月と漫才のミスワカナと笠置が並べ

1957年、服部の自宅で。笠置が歌手を「引退」してからも、家族ぐるみの親交は長く続いた。B

られていることは重要だ。ここまでみてきたように、服部と笠置のスウィング～ブギウギの興行としての性格や歴史的形成過程は、「舶来」要素が若干強いとはいえ浪花節や漫才と大いに重なる。「洒落たところで洒落た人たち」だけに聞かせる「洒落た歌」とは、先のエッセイでいえば「堅苦しい理論や楽譜」に頼った「タキシードや燕《えん》尾《び》服で演奏するクラシック音楽」に相当するだろうが、レヴューやジャズやスウィングを、舶来の教養として受容してきた「その筋のオーソリティ」に対する強烈な皮肉にもなっている。

笠置のブギウギは、音楽的には戦前のスウィングとほとんど異なるところがなく、服部のブギウギ理解も、前章でみたように問題がある。しかし、ブギウギの場合は、アメリカでの文脈をほとんど念頭におかず、なにより笠置の圧倒的な肉体を通じて大衆化したという点で、「その筋のオーソリティ」が幅を利かせる外来音楽の輸入の域を遥かに超えて、外来要素を用いたひとつの新しい芸として受け入れられたのだ。

大阪から見直す「近代音曲史」

関東大震災以降、和洋折衷的な娯楽文化が花開いた大阪・道頓堀から生まれた服部良一と笠置シヅ子の仕事を、レコード流行歌史や洋楽受容史を超えて、昭和前半期の複合的な娯楽文化全体の中で再発見・再評価すること。そして、その残響を、現代まで続く庶民的な娯楽の中に聞き取ること。さらに、その舞台となった大阪という都市について、その特徴を構成してきた人と物と情報の激しい流動に注目して捉え返すことは、大衆文化の動態を考える上で今後なされるべき大きな課題だ。個人的には、その過程の中で「日本」というナショナルな枠組(そこでは暗黙のうちに政治と官僚機構の中心である東京が特権化される)自体を動揺させたいとも密かに考えている。その意味では、服部の戦中の上海での活動や、その際の交流に基づく一九六〇年代以降の香港での映画音楽の仕事の意義を改めて考える必要がある。生煮えながら、舶来の新奇性と在来の感性を折衷した、歌と踊りと鳴物と笑いを含む娯楽的な芸を指して本書で提示した「リズム音曲」という概念が、そのための補助線となることを願っている。

「リズム音曲」を重要な一部とする「近代音曲史」の企ては、歴史上の珍品を面白おかしく紹介するだけではないし、「大大阪」のモダニズムや、「焼け跡」の混沌としたヴァイタリティを懐古するだけでもない。

「かつてあったが失われた」ものの残滓《ざんし》を追い求めるのではなく、常に形を変えながら人々の日常の中に息づいている巷の歌や踊りや鳴物を、改めて発見し、必要ならば随時発明するための視点を提示したい。笠置シヅ子と服部良一という、これまでアメリカ大衆音楽の優れた紹介者と考えられることが多かった二人の音楽家を、大阪の「音曲」という視点から見直す、という企てが成功したかどうかはわからないが、私自身は常に新鮮な驚きと発見を感じながら書き進めてきた。ジェンダーに関する議論や、演劇や映画からの議論、あるいは「民衆娯楽」「大衆娯楽」といった概念についての議論など、本書では正面から扱えなかったトピックも多い。それらは後続の研究に委ねたい。よっしゃ、今日はこれくらいにしといたるわ。

謝辞

まずは笠置シヅ子のご息女亀井ヱイ子氏と、服部良一の孫娘で「オフィス胸の振り子」の代表である服部朋子氏に、貴重な資料や写真をご提供いただいたことに感謝を申し上げたい。特に服部良一自身が作成したスクラップブックや楽譜の写真を使って執筆できたことは望外の喜びだった。調査の過程で知った服部の口癖を用いれば、まさに「涙ぐましい」経験だった。服部朋子さんをご紹介くださった原田悦志氏にも感謝を申し上げたい。

「近代音曲史」によって、従来の近代日本大衆音楽史の常識に挑戦する、と鼻息荒く書き出してみたが、執筆過程では先達の仕事の偉大さを改めて痛感することになった。私の直接の師匠である渡辺裕先生が『日本文化モダン・ラプソディ』で示された、「和洋折衷型」の近代化や、細川周平先生の『近代日本の音楽百年』での「受容」ではない「洋楽需要」という考えとの連続は明らかだ。本文でも触れたが、そもそも「ラッパと娘」を教えられたのも細川ゼミでだった。戦前モダン文化に関する故・瀬川昌久先生や永井良和先生の先駆的な研究、保利透《ほりとおる》・毛利眞人両氏の「ぐらもくらぶ」による音盤復刻作業、佐藤利明氏による喜劇映画研究なしには本書はあり得なかった。松竹大谷図書館、阪急文化財団池田文庫の有能かつ親切な職員のみなさんにもお世話になった。

音楽や舞踊や芸能や演劇といった括りを越えて、東アジアの大衆的上演文化に注目する視点は、細井尚子先生率いる東アジア大衆演劇研究プロジェクトに刺激された。

さらに、近年、英語を便宜的な共通言語とするアジア各地及びアジア系アメリカの研究者たちとの交流を深めてきたことも、「西洋／日本」という二項図式を超える大衆音楽史を構想したい、という野望につながっている。特に、何東洪、Kevin Fellezs、山内文登《ふみたか》、阿部万里江の各氏の影響は絶大だ。

優秀で愉快な学生やゲストが世界中から集まってくる阪大音楽学研究室にも感謝を。国立大学を巡る状況はますます厳しくなっているが、伊東信宏先生や鈴木聖子先生と日常的に雑談できる環境の素晴らしさは何者にも代えがたい。加えて、二〇二三年四月に発足した中之島芸術センターでの毎週の授業は本書の執筆過程において決定的に重要だった。

中之島といえば、大阪で就職して間もなくの頃、中之島のフリーペーパー『月刊島民』の昭和歌謡特集（第五五号）に寄稿を依頼されたのが、服部良一や大阪の大衆音楽について考え始めた最初だった。その担当者が、現在の大阪の政治とメディアについての最も鋭くかつ誠実な論客であり、筋金入りの巷の音楽好きである松本創《はじむ》氏だったことは僥倖だった。

それがきっかけとなって、服部良一についての公開講座を行った。大阪モダン文化研究の第一人者、橋爪節也先生を前に、とても緊張した。荒木基次さんデザインの素晴らしいポスターをいただいた。講座にはなんと、『上海ブギウギ1945』著者の故・上田賢一さんも来てくださった。上田さんをご紹介くださった川村恭子さんにも感謝申し上げたい。

そして、巷の演者のみなさんにも。本書の「近代音曲」や「リズム音曲」は、歴史を記述するためだけでなく、カオリーニョ藤原、キウイとパパイヤ、マンゴーズ(KPM)、ちんどん通信社、ノボス・ナニワーノス、サカキマンゴー、すずめのティアーズ、中西レモン、高田洋介、黒拍子といった方々の実践や、ショヴィ・シュヴァ(京町堀)や釜晴れ(釜ヶ崎)など、最高の「音楽の実演を伴う社交」を提供してくれる店を念頭に置いて案出した概念でもある。

特に、KPMの廣瀬拓音《たくと》氏とは、主に東京で、アイヌ、沖縄を含むアジア侵略と戦後占領の双方をいかに音楽的に乗り越えるか、といった話題を肴に鯨飲馬食を重ねてきた。KPMで歌と箏とトライアングルを担当する森川浩恵氏は、子供たちのお箏と私の地歌の師匠になった。また、ノボス・ナニワーノスのケンイチ・ナニワーノ氏は、関東から引っ越して三日目に「大阪はあちら《ブラジル》でいうたらバイーアである」という至言を与えてくれた。ブラジルという国ではなくバイーアという街の音楽と宴と人と政治への関心から学術を志した私にとって、それは決定的な啓示だった。おりえちゃん、しげこさん、スズキさん、かなこちゃんなど「バイーア県人会」の面々との交流も心の支えになっている。黒拍子、というか安田家は、恒例の万正寺奉納公演や盆踊り活動、何より日々の宴を通じて、現代の「生業」としての日本の芸能について考えるきっかけを与えてくれている。

本書は、笠置シヅ子と服部良一についての本であると同時に、この二人を生み出した大阪の街についての本でもある。大宅壮一の造語でいう「阪僑」である阿倍野出身の担当編集者・福田直子さんと、金沢で生まれ育ち大学で東京に移り、大阪で就職しおそらく骨を埋めることになる「帰化大阪人」（自宅住所は兵庫県川辺郡だが……）である私の合作である。

将来「大阪大衆音楽史」を出そう、という企みは、同じく福田さんが担当してくれた前著『踊る昭和歌謡』制作の過程で生まれた。同書の打ち上げで、入魂の即席バンド「ドトール輪島とドドンパ☆キングス」によるサンバへギ編曲でリボルバー直子が熱唱した「買物ブギー」が始まりだった。いや、その前に、妻子を実家に帰して正月返上で原稿を書いていた際、福田さんが差し入れてくれたリーガロイヤルホテルの豪華おせちをひとりつまみながらサンテレビの「新春！　よしもと大爆笑」を見ていたときにすでに始まっていたのかもしれない。一生ものの仕事、と考えていたが、思いがけず早い時点で「第一部」を刊行することになった。まだまだ「帰化申請中」の身であり、大阪人の持つ独特の含羞の感覚に乏しい田舎出ゆえ、粗野なところも多々あろうが平にご容赦願いたい。

そしてもちろん、家族に感謝を。特に、前著刊行時にはまだ生まれていなかったため謝辞で言及できなかった娘に本書を捧げたい。目下、よしもと新喜劇と「探偵! ナイトスクープ」に夢中の彼女は、どんな「大阪娘」になるだろうか?

二〇二三年七月　服部良一ゆかりの生玉さんで四年ぶりの祭りを堪能した翌朝に

輪島　裕介

輪島裕介 わじま・ゆうすけ

大阪大学大学院人文学研究科芸術学専攻教授（音楽学研究室）。
1974年石川県生まれ。
東京大学大学院人文社会系研究科博士課程修了。博士（文学）。
専門はポピュラー音楽研究、近現代音曲史、アフロ・ブラジル音楽研究、
非西洋地域における音楽の近代化・西洋化に関する批判的研究。
著書に『創られた「日本の心」神話
「演歌」をめぐる戦後大衆音楽史』（光文社新書。
第33回サントリー学芸賞、国際ポピュラー音楽学会賞）、
『踊る昭和歌謡 リズムからみる大衆音楽』（NHK出版新書）。
訳書に阿部万里江著『ちんどん屋の響き
音が生み出す空間と社会的つながり』（世界思想社）。

NHK出版新書 703

昭和ブギウギ
笠置シヅ子と服部良一のリズム音曲

2023年8月10日　第1刷発行

著者　輪島裕介 ©2023 Wajima Yusuke
発行者　松本浩司
発行所　NHK出版
〒150-0042 東京都渋谷区宇田川町10-3
電話 (0570) 009-321（問い合わせ） (0570) 000-321（注文）
https://www.nhk-book.co.jp （ホームページ）

ブックデザイン　albireo
印刷　新藤慶昌堂・近代美術
製本　藤田製本

Printed in Japan ISBN978-4-14-088703-5 C0273